DU UND DAS UNIVERSUM

– DA GEHT WAS!

♥

BESTSELLERAUTORIN

Anjana Gill

77 LIFEHACKS ZUR WUNSCH-ERFÜLLUNG

Tipps & Tricks

Erfolg mit dem Universum

Omega

MIX
Papier aus verantwortungsvollen Quellen
FSC® C014138

Omega-Verlag ist ein Imprint des Verlages »Die Silberschnur« GmbH

ISBN: 978-3-96933-019-7

1. Auflage 2022

Gestaltung unter Verwendung verschiedener Motive von © redchocolatte, stock.adobe.com; © Pylypchuk, shutterstock.com; © pixabay.com; © vecteezy.com; © freepick.com
Druck: Finidr, s.r.o. Cesky Tesin

Verlag »Die Silberschnur« GmbH · Steinstr. 1 · 56593 Güllesheim
www.silberschnur.de · E-Mail: info@silberschnur.de

INHALT

EINLEITUNG

Hallo, ihr Wunscherfüller!

Immer wieder habt ihr mich gefragt, wie das mit der Wunscherfüllung genau funktioniert. Ihr habt mich gefragt, ob es Dinge gibt, die man unbedingt beachten muss, und vor allem ob es noch mehr Tricks und Tipps für eine schnellere Wunscherfüllung gibt.

Die Antwort ist: Ja, die gibt es.

Es gibt Tricks und Tipps, die, wenn man sie beachtet, ganz automatisch zu einer schnelleren Wunscherfüllung führen.

Und es gibt allerdings auch einige »Fallen«, die du unbedingt vermeiden solltest.
Das alles hat nichts mit Zauberei oder Hokuspokus zu tun, das sind ganz einfach die Grundvoraussetzungen für die Verwirklichung unserer Herzenswünsche. Alles im Leben funktioniert nach bestimmten Gesetzen und Abläufen, und das gilt auch für die Verwirklichung unserer Träume.

Im Moment funktionieren wir noch »irdisch« und stochern oft im Nebel herum, doch sobald du beginnst, die Erfüllungstricks zu beachten, wird sich deine Welt verändern ... und das schneller, als du denkst.

Wenn du diese Dinge beachtest und verinnerlichst, dann steht der Erfüllung deines Herzenswunsches nichts mehr im Weg. Dann kann nichts mehr die Erfüllung deiner Wünsche aufhalten. Nicht mal mehr dein altes Ich, das so gar keine Veränderung wünscht und in Wahrheit auch nicht möchte, dass sich dein Herzenswunsch erfüllt. Denn würde es das wirklich wollen, hätten sich deine Wünsche ja längst erfüllt. Aber das ist jetzt Schnee von gestern!

Schau immer wieder in diesen Wunscherfüller, so lange bis du diese Tricks und Tipps absolut verinnerlicht hast und in keine Falle mehr tappst. Nimm dieses Buch dazu einfach in deine Hände und frage, was du gerade beachten solltest – und dann schlage eine Seite auf.

Heute in drei Monaten sieht deine Welt schon ganz anders aus – rückblickend wirst du dich wundern, wie schnell sich deine Wünsche erfülltt haben.

Es spielt übrigens auch keine Rolle, was genau dein Wunsch ist. Erfüllung funktioniert immer nach den gleichen Prinzipien. Was auch immer dein Wunsch ist, ob

- eine glückliche Partnerschaft,
- eine wunderschöne Familie,
- eine Reise um die Welt,
- ein eigenes kleines Café,
- ein kleines Hotel,
- ein Beruf, der für dich Berufung ist,
- ein wunderschönes Zuhause,
- eine Heirat,

- ein Buch schreiben,
- ein Start-up gründen,
- eine Ausstellung mit deinen Bildern machen,
- dir deinen Traum erfüllen ...

Was immer es ist – es gibt Tricks für eine schnellere Erfüllung. Tricks, die du ganz leicht anwenden kannst. Und hier sind sie!

Fangen wir an mit der Erfüllung deiner Wünsche ...

Wünsche erfüllen sich nicht in der Hektik

79 Prozent der Menschen in der heutigen Welt haben Schwierigkeiten damit, nichts zu tun. Sobald wir zur Ruhe kommen, denken wir daran, was noch alles erledigt werden muss: die Küche, die Wäsche, die Mails, der Sport ...

Aber das Nichtstun und Entspannung sind sehr wichtig für uns. Denn in diesem Seinszustand sind wir der »Wunscherfüllungsebene« sehr nahe. In dieser Zeit ohne Ablenkungen sind wir empfänglich für Möglichkeiten. Unsere Wünsche flüstern uns Botschaften zu, und die können wir jetzt hören. Jetzt endlich fallen uns Lösungen ein oder wir bekommen Geistesblitze und Ideen. Und wir bekommen das auch endlich mit. Sonst gehen diese nämlich oft im Lärm und Getöse des Alltags unter.

Nicht umsonst sagte schon Laotse:
»Im Nichtstun bleibt nichts ungetan.«

Öfter mal nichts tun – gewissermaßen als wichtiger Auftrag. Bewusstes Anhalten, das Alltagsgeschehen ausbremsen, das ist der erste Schritt zur Wunscherfüllung.

Trick: *Entschleunigung – und zwar richtig. Wege und Lösungen kommen immer nur jenseits der lauten Welt zu uns. Wenn es ruhig ist, können wir auch die leisen Antworten hören – und die verraten uns oft wichtige Geheimnisse.*

Am besten du beginnst gleich jetzt damit. Setz dich aufs Sofa und tue nichts – ganz offiziell. Die laute Welt hat Pause.

Achtung: Irdisch!

Mögliches bisheriges **Hindernis** bei der Erfüllung:

Im Alltag rennen wir von Erledigung zu Erledigung, von To-do zu To-do: Mails beantworten, Wäsche waschen, XY anrufen. Stopp! Dein *altes Ich* will das, aber so kommen wir nicht weiter.

UNIVERSUMSTRICK:

Ruhe!

In der Ruhe kommen dir Ideen, Geistesblitze, in der Ruhe fallen dir Lösungen für Probleme ein.

Dein *neues Ich* weiß das.

Wenn du das Bedürfnis nach etwas Ruhe hast, dann nicht weil du faul bist, sondern weil dein *neues Ich* dir etwas sagen möchte.

Wünsche definieren – deine To-be-Liste

Wir haben lange genug To-do-Listen erstellt. Jetzt machen wir mal eine To-be-Liste. Sehr hilfreich ist es nämlich, eine Liste von all den Dingen zu erstellen, die wir haben möchten und wie wir sein möchten.

Mach das mal. Wenn diese Liste fertig ist, überprüfe jede einzelne Position und frage dich, ob diese Dinge wirklich wichtig für dich sind. Fange an zusammenzustreichen. Es bleiben ein paar Punkte übrig – und um genau diese Dinge werden wir uns kümmern.

Um herauszufinden, was du wirklich willst, denke daran, was du in deinem Leben erschaffen möchtest ...

Was möchtest du haben?

Wie möchtest du sein?

Trick: Vergiss heute alle To-do-Listen und beschäftige dich mit deiner To-be-Liste. Erstelle ganz in Ruhe deine persönliche To-be-Liste.

P. S.: Mach dir klar, welches deine eigenen Wünsche sind und bei welchen Wünschen es sich eher um die Erwartungen anderer Menschen an dich handelt.

Es geht hier um dich. Also: Was willst **du**?

Achtung: Irdisch!
Mögliches **Hindernis** bei deiner To-be-Liste:
Deine wahren Herzenswünsche sind im Laufe der Jahre etwas verschüttet worden.
Dein *altes Ich* wollte die anderen nicht enttäuschen und alle Erwartungen erfüllen.
Dein *altes Ich* wollte gelobt werden und hat es allen recht gemacht.
Dein *altes Ich* ist dazu erzogen worden, brav zu sein.

UNIVERSUMSTRICK:

Du sollst vor allem dich selbst nicht enttäuschen.
Dein *neues Ich* kennt den Weg zu deinem wahren Kern.
Dein *neues Ich* will die Komfortzone verlassen und freut sich auf die Zeit nach der Erfüllung. Deinem *neuen Ich* ist es egal, was die anderen denken.
Dein *neues Ich* will nur, dass DU glücklich bist – und zwar richtig glücklich.
Lass dein *neues Ich* die To-be-Liste schreiben.

Dein Seelenplan.
Oder: Folge der Freude

Wir wurden nicht geboren, um unsere Zeit hier auf der Erde einfach nur abzusitzen. Wir hatten einen Plan – unsere Seele hatte einen Plan. Die Frage ist: Leben wir diesen Plan?

Es sind unsere Wünsche, die uns an diesen Plan erinnern. Es sind unsere sehnlichsten Wünsche, die uns die Richtung zeigen, denn diese Wünsche kommen direkt aus unserer Seele.

Jeder von uns hat seinen eigenen Seelenplan. Kennst du deinen?

Überlege mal: Welche Dinge machen dir besonders viel Freude? Wann und in welchen Situationen bist du glücklich und fühlst dich erfüllt? Die Freude und das Gefühl der Erfüllung sind dein Kompass. Die Freude und die Erfüllung führen dich direkt zu deinem Seelenplan. Wenn wir das finden, was uns überaus erfüllt und glücklich macht, dann haben wir unseren Lebenssinn gefunden.

Trick: Beantworte diese beiden Fragen:

Was macht dir Freude?

Wann bist du glücklich?

Und nun folge den Antworten auf diese Fragen. Fange an, Dinge zu tun, die dir Freude bereiten und die dich glücklich machen.

Es gibt nur einen einzigen richtigen Weg – und das ist der Weg der Freude. Der führt dich auf direktem Weg zu deinem Lebensglück.

Was macht DIR Freude?

Wann bist DU glücklich?

LIFEHACK 4

Erkenne deine Wünsche

Wunsch ist nicht gleich Wunsch. Es gibt zwei unterschiedliche Arten von Wünschen: Verstandeswünsche und Herzenswünsche.

Verstandeswünsche sind die Wünsche, die aus unserem Verstand heraus entstehen, z. B. wenn in uns der Wunsch entsteht, das Gleiche haben zu wollen, was unsere Freunde haben, oder Wünsche, die die Werbung in uns weckt. Da flüstert oder schreit unser Verstand uns manchmal zu: »Das will ich auch haben!« Weitere Verstandeswünsche sind Wünsche, die wir aufgrund unserer Erfahrung meinen haben bzw. erleben zu müssen.

Unsere Herzenswünsche dagegen, das sind die Wünsche, die nicht vom Verstand, sondern mitten aus unserem Herzen kommen. Unser Herz ist mit unserer Seele verbunden und es weiß ganz genau, was für uns wirklich gut ist.

Einer der wichtigsten Ratschläge, die ich je bekommen habe, war dieser: »Schließe einen Moment deine Augen und fühle, was dein Herz will. Und dann tue das, was dein Herz dir sagt.« Diesen Ratschlag kann ich nur an dich weitergeben.

Trick: *Tue immer, was dein Herz dir sagt.*
Unser Herz ist mit einer höheren Ebene verbunden und kennt unseren richtigen Weg. Deshalb ist unser Herz unser wichtigster und bester Ratgeber

überhaupt. Fühle bei jedem Wunsch, ob dieser Wunsch auch wirklich ein Herzenswunsch ist.

Herzenswünsche machen langfristig glücklich. Verstandeswünsche nur relativ kurze Zeit.

Achtung: Irdisch!
Mögliches bisheriges **Hindernis**:
Dein wahrer Wunsch versteckt sich hinter der Fassade.
Wir zeigen der Welt ein bestimmtes Gesicht und vergessen darüber unser wahres Ich.
Dein *altes Ich* beschäftigt sich viel mit der Fassade.
Dein *altes Ich* will die Dinge, die die anderen auch haben.
Dein *altes Ich* fragt deinen Verstand.

TUE, WAS DEIN HERZ DIR SAGT. IMMER!

TRICK ZUR SCHNELLEREN VERWIRKLICHUNG:

Wenn du nur dein Herz wärest,
was würdest du dir dann wünschen?
Dein *neues Ich* hat keine Lust auf Fassade.
Dein *neues Ich* fragt bei allem zuerst das Herz.

Dein *neues Ich* wird glücklich sein.

Wer wartet hinter der Erwartung?

Wer bist du in Wirklichkeit? – Oft wissen wir gar nicht mehr, wer wir in Wahrheit sind. Von Kind an wurden wir mit Erwartungen konfrontiert und haben diese verinnerlicht. Mit der Zeit haben wir gelernt, dass wir besonders geliebt werden, wenn wir Erwartungen erfüllen. Bei jeder Erwartungserfüllung wurde uns übers Köpfchen gestreichelt und gesagt: »Gut gemacht.« Und wir haben uns gefreut und mit dem »Schwanz gewedelt«, wie ein Hündchen.

Zu allem Überfluss handelt es sich aber nicht nur um die Erwartungen von anderen Menschen, nein, es kommt noch besser: Wir selbst haben auch noch jede Menge Erwartungen an uns selbst.

Jetzt nimm dir mal ein paar Minuten Zeit und schau nach, was da übrig bleibt, wenn du alle Erwartungen, auch deine eigenen, von dir nimmst. Was für eine Persönlichkeit verbirgt sich hinter bzw. unter diesen ganzen Erwartungen? Wer wärest du, wenn niemand etwas von dir erwarten würde? Was würdest du dann tun?

Trick: *Finde deinen wahren Kern. Beantworte die Frage aller Fragen: Was würdest du machen, wenn niemand etwas von dir verlangen oder erwarten würde?*

Dein Herz liebt diese Frage, spürst du das auch sofort?

Der Tipp zur Herzenswunschfindung ist die Kernfindung: Erwartungen erkennen, zur Seite legen und den eigenen Kern finden. Denn nur dann sind deine Wünsche auch wirklich deine und bereichern dein Leben.

UNIVERSUMSWEGWEISER:

Was würdest du tun, wenn niemand etwas von dir erwarten würde?
Nicht einmal du selbst.

Achtung: Irdisch!

»Das hast du gut gemacht!«
Wenn wir gelobt werden, haben wir meist fremde Erwartungen erfüllt. Unser *altes Ich* liebt diesen Satz und freut sich: »Oh, das habe ich gut gemacht.«
Doch das ist trügerisch. Denn dieses gute Gefühl ist abhängig vom Lob der anderen.
Unser *neues Ich* braucht kein Lob.
Es weiß, dass du gut bist.

Wir müssen niemandem etwas beweisen.
Warum sollten wir auch?!

Mögliches bisheriges **Hindernis:**

Wir haben von Kind auf gelernt, die Erwartungen anderer zu erfüllen.
Lob = richtiges Verhalten. Das steckt tief in uns.
Aber wir müssen raus aus diesem alten Glaubensmuster.
Dein *altes Ich* ist immer noch dieses Kind, das es allen recht machen möchte.
Dein *neues Ich* braucht das nicht mehr.

Also:

Was würdest du tun, wenn niemand etwas von dir erwarten würde:

Das goldene Tor

Wenn du dir nicht sicher bist, welcher Wunsch der beste für dich ist, oder wenn du mal unsicher bist, welche Entscheidung du treffen sollst oder in welche Richtung du gehen sollst, dann gibt es ein wunderschönes Spiel: das goldene Tor.

Setze dich entspannt hin, schließe deine Augen und stelle dir drei Tore vor.

Hinter jedem Tor wartet eine Variante, wie dein Leben weitergeht. Mach es dir bequem und stell dir einen Bereich deines Lebens vor, in dem du eine Entscheidung treffen musst:

Gehe nun durch das erste Tor: Was erwartet dich dort? Wie fühlst du dich? Geht es dir dort gut? Bist du dort glücklich? Wie entwickeln sich die Dinge dort?

Gehe nun durch das zweite Tor: Was erwartet dich hier? Wie fühlst du dich hier? Geht es dir dort besser als hinter Tor 1 oder eventuell auch nicht so gut? Lass es auf dich wirken.

Gehe nun durch das dritte Tor: Was erwartet dich hier? Wie fühlst du dich?

Hinter welchem Tor warst du am glücklichsten? Hinter welchem Tor war dein Herz glücklich? Dieses Tor ist das goldene Tor!

Du kannst natürlich variieren und auch nur zwei Tore nehmen oder vier oder fünf – wähle einfach so viele, wie zu deiner Frage passen.

Trick: *Stelle eine Frage, wie du dich entscheiden sollst bzw. welchen Weg du nehmen sollst, und dann praktiziere das Torspiel. Gehe gedanklich durch die drei Tore und erlebe die verschiedenen Varianten. Wähle dann den Weg, der durch das goldene Tor führt. Das ist immer der richtige Weg.*

Zukunftsszenarien

Zukunft 1 *Zukunft 2* *Zukunft 3*

Hinter welchem Tor erwartet dich Glück?
Das ist dein goldenes Tor.
Das ist dein Weg.

Das goldene Tor gibt Antwort auf diese Fragen:

- Wie soll ich mich entscheiden?
- Was soll ich tun?
- Soll ich oder soll ich nicht?
- Wie wird mein Leben weitergehen, wenn ich mich für 1, 2 oder 3 entscheide?

Achtung!

Wenn du hinter einem Tor auch nur den Hauch eines unguten Gefühls spürst, gehe sofort zurück und wähle ein anderes Tor.
Jedes ungute Gefühl ist ein Zeichen, dass dieser Weg nicht der richtige für dich ist.
Jedes gute Gefühl ist ein Hinweis: Hier entlang!

TRICK:

Folge IMMER dem guten Gefühl!
Wähle IMMER das goldene Tor ...

Ziele setzen.
Oder: Deine Wunscherfüllungstreppe

Sobald du nun deinen echten Wunsch kennst, solltest du dir Ziele setzen – langfristige und kurzfristige:

Zu den langfristigen Zielen zählen:

5-Jahres-Ziel

2-Jahres-Ziel

1-Jahres-Ziel

Zu den kurzfristigen Zielen zählen:

9-Monats-Ziel

6-Monats-Ziel

3-Monats-Ziel

Unsere einzelnen Lebensziele sind natürlich völlig unterschiedlich. Für den einen ist es das Höchste, Manager zu werden, für den anderen geht nichts über eine glückliche Familie oder ein eigenes Start-up, ein Hotel oder ein Café. Und wieder für den Nächsten ist die absolute Erfüllung die persönliche spirituelle Entwicklung. Egal, was es ist: Wenn du dein persönliches Ziel kennst, dann kannst du es auch erreichen. Wie sieht die Treppe zu deinem Ziel aus?

Trick: *Baue dir deine eigene Wunscherfüllungstreppe, eine wunderschöne, liebevolle, zielführende Treppe. Am besten, du baust sie jetzt gleich.*

Wo siehst du dich in fünf Jahren? Also ich sitze abends in einem Strandrestaurant, die Füße im Sand, ein Glas Wein in der Hand und genieße ein herrliches Candle-Light-Dinner, bin rundum glücklich. Ich schaue zurück und stelle fest, dass sich alle meine Wünsche in den letzten fünf Jahren erfüllt haben.

Achtung: Irdisch!

Mögliches **Hindernis** bei der Erfüllung:

Deine Ziele sind Verstandeswünsche.

Der Verstand versucht zu übernehmen und dein *altes Ich* möchte deine Zukunft auf der Basis deiner alten Erfahrungen gestalten.

Dein *altes Ich* kennt sich aber nur in der Vergangenheit aus.

Vorsicht:

Wir gleiten schnell zurück in unsere alten Glaubensmuster. Die führen uns aber nicht zur Erfüllung, sonst wären wir ja längst dort.

UNIVERSUMSTRICK:

Dein *neues Ich* soll übernehmen.

Dein *neues Ich* ist offen und neugierig und kann die Erfüllung bewusst wahrnehmen.

Und so wird es dich genau dorthin führen.

Klar wie ein Diamant

Du erreichst deine Ziele wesentlich schneller, wenn du nicht ständig den Kurs veränderst. Kursveränderungen bringen die Wunscherfüllung ganz durcheinander.

Beispiel:
Heute wünschst du dir ein Haus auf dem Land – und morgen ist es eine Penthousewohnung in der Stadt. Okay, vielleicht war dein Wunsch ja tatsächlich, beides zu bekommen – ein Haus auf dem Land und eine Wohnung in der Stadt? Hatten die Könige und Fürsten früher mit ihren Sommersitzen ja auch. Sollte es also tatsächlich dein tiefer Wunsch sein, ein Landhaus UND eine Stadtwohnung zu haben, dann ist das natürlich völlig in Ordnung. Du musst es nur für möglich halten. Und das Personal bezahlen können.

Solltest du dir aber entweder das Haus oder eine Stadtwohnung wünschen, dann wäre Zielklarheit entscheidend: Stadtwohnung oder Haus auf dem Land oder ... Fälle eine Entscheidung.

Trick: *Klarheit deines Wunsches – denn Klarheit zieht Klarheit an. Je klarer dein Wunsch, umso zügiger die Erfüllung. Keine unnötigen und lästigen Umwege mehr. Gib als Ziel in dein Kopfnavi ein: "Erfüllung meines Wunsches. Kürzeste Strecke."*

Und dann folge den Anweisungen ... Das Leben gibt dir die richtigen Anweisungen, keine Sorge.

Erfüllung funktioniert mit Kopf-Navi

TRICK:

Sobald du deinen Herzenswunsch definiert hast, kannst du die Erfüllung (das Ziel) in dein Kopf-Navi eingeben. Mach dir keine Gedanken über den Weg. Dein Kopf-Navi kennt den kürzesten Weg zum Ziel (der Erfüllung). Folge einfach den Anweisungen.

Achtung: Irdisch!

Mögliches **Hindernis** für eine schnelle Verwirklichung:
Du verzettelst dich und willst heute hierhin und morgen dorthin, heute dies und morgen das.

Beispiel: Heute wünschst du dir eine Wohnung in der Stadt, morgen doch lieber ein Haus auf dem Land.
Heute möchtest du ein kleines Café betreiben, morgen doch lieber sicher angestellt sein.

Vorsicht: Das ist ein Irrgarten!

Je klarer dein Wunsch, umso schneller die Erfüllung. Klarheit ist wichtig – sonst irrst du dein Leben lang durch die Gegend.

LIFEHACK 9

Im Bereich des Möglichen

Es gibt noch eine kleine Hürde bei der Wunscherfüllung, die wir überspringen müssen: Es wird sich nur verwirklichen, was du für möglich hältst. Die Erfüllung deines Wunsches muss für dich absolut im Bereich des Möglichen liegen.

Glaubst du unbewusst (oder noch schlimmer: bewusst), dass die Erfüllung deines Wunsches eine Hutnummer zu groß ist, oder hältst du sie aus irgendeinem anderen Grund für unrealistisch, wirst du genau diesen Glaubenssatz – nämlich dass die Erfüllung deines Wunsches eigentlich nicht möglich ist – manifestieren.

Betrachte unter diesem Aspekt deine Wünsche und besonders deinen Herzenswunsch mal näher: Ist die Erfüllung dieses Wunsches für dich realistisch? Glaubst du, dass du diesen Wunsch erreichen wirst? Glaubst du es oder hoffst du nur? Sei ehrlich. Du musst es glauben! Hoffen ist zu wenig. Die Hoffnung stirbt irgendwann – aber der Glaube versetzt Berge.

Passe deinen Wunsch an das an, was du für möglich hältst. Denn er wird sich nur erfüllen, wenn du ihn wahrhaftig für möglich hältst.

Du kannst ja von da aus Schritt für Schritt den Bereich des für dich Möglichen erweitern. Wichtig ist nur, dass du die Erfüllung für absolut wahrscheinlich hältst. Der feste Glaube, dass sich dein Wunsch erfüllt, versetzt tatsächlich Berge.

Und wie wahrscheinlich ist es für dich, dass sich dein Wunsch erfüllt? Auf einer Skala von 1-10: Wie wahrscheinlich ist es? Stell dir jetzt diese Frage und antworte spontan: Wie wahrscheinlich ist es für dich, dass sich dein Wunsch bald erfüllt?

unwahrscheinlich — sehr wahrscheinlich

1 2 3 4 5 6 7 8 9 10

Trick: *Checke die Wahrscheinlichkeit, dass sich dein Wunsch erfüllt, auf dieser Skala ab. Ein Wert von mindestens 8 wäre gut, 10 wäre besser – viel besser. Alles unter 8 können wir so nicht stehen lassen.*

Achtung: Irdisch!
Mögliches **Hindernis** für eine schnelle Erfüllung:
Dein Herzenswunsch ist XY.
Du traust dich aber nicht, die Erfüllung für möglich zu halten.
Dein *altes Ich* flüstert dir zu, dass das eine Hutnummer zu groß ist oder dass es zu unsicher ist oder, oder, oder.
Dein *altes Ich* findet 100 Gründe, die dich von deinem Herzenswunsch entfernen.

Beispiel: Wir nehmen ein materielles Beispiel zur Verdeutlichung: Du wünschst dir eine große Yacht.
Dein Inneres denkt, du spinnst, und hält es für unwahrscheinlich. Für dich liegt es damit nicht im Bereich des Möglichen. Für Königin Maxima vielleicht schon.

UNIVERSUMSTRICK:

Alles, was du erreichen möchtest,
musst du auch für möglich halten!
Checke die Wahrscheinlichkeit der Erfüllung
immer auf der Skala ab.

Absicht erklären:
Oder: Das machst du doch mit Absicht ...

Du musst die Erfüllung nicht nur für möglich halten (siehe Lifehack 9), du musst dazu auch noch die feste Absicht haben, das, was du haben möchtest, auch zu bekommen. Beschließe, dass die Erfüllung deines Wunsches wichtig für dich ist, und sei überzeugt von der Erfüllung: »Ich weiß, es geschieht. Genau zur richtigen Zeit.«

Wir können nichts erschaffen, was wir nicht für möglich halten. Wir müssen es für möglich halten und wir müssen zusätzlich die feste Absicht haben, dass sich unser Wunsch erfüllt.

Möglichkeit + Absicht = Erfüllung.

Ziellosigkeit + hirnen = frusthirnen = immer wieder im Kreis denken, ohne zu einem Ergebnis zu kommen. Wir alle hirnen viel zu oft. Das bringt aber tatsächlich nichts, absolut nichts. Sobald du bemerkst, dass du wieder hirnst, sofort die Stopptaste drücken!

Absichtsexperiment:
Dieses Experiment verdeutlicht wunderbar den Unterschied zwischen dem *Versuch*, etwas zu erreichen, und der *festen Absicht*, es zu erreichen.

Das Experiment: Du wirst aufgefordert, ein Stück Papier aufzufangen. Dein Gegenüber lässt ein Stück Papier fallen und fordert dich vorher auf, es aufzufangen. Du meinst, du wirst es versuchen ... Vielleicht wirst du das Papier nun auffangen, vielleicht aber auch nicht. Wenn du aber antwortest: »Ja, ich fange das Stück Papier auf«, wird eine ganz andere Energie frei und du wirst das Papier jetzt sehr wahrscheinlich auffangen.

Spürst du den Unterschied?

»Ja, ich werde ...« erzeugt eine ganz andere Energie. »Ja, ich werde das schaffen, ich werde das erreichen« erzeugt eine Absichtsenergie.

Versuche nicht, deine Wünsche zu erfüllen, sondern habe die *feste* Absicht, dass dein Wunsch sich erfüllen wird. Ohne die feste Absicht, dass sich dein Wunsch erfüllt, wird es nicht dazu kommen.

Trick: Beschließe ab sofort, ab diesem Moment, mit fester Absicht, dass sich deine Wünsche erfüllen. Sage hier und jetzt laut: "Ja, mein Wunsch erfüllt sich."

Warum sollte er auch nicht? Es gibt keinen Grund, der gegen die Erfüllung deines Wunsches spricht – keinen einzigen objektiven Grund.

Das machen wir mit Absicht!

Achtung: Irdisch!

Mögliches **Hindernis** für eine schnellere Erfüllung:

Du glaubst, du hast die feste Absicht, dass sich dein Wunsch erfüllt.

Dein *altes Ich* ziert sich aber noch:

In Wahrheit ist es nur ein »Gerne-haben-wollen-Gefühl«, aber kein echter Wunsch.

Das reicht nicht!

TRICK FÜR EINE SCHNELLE ERFÜLLUNG:

Wiederhole diesen Satz 10-mal am Tag:
»Danke, dass sich mein Wunsch erfüllt hat.«

Und verinnerliche den Glaubenssatz deines *neuen Ichs*:
»Ich weiß, dass es geschieht.«

Gedanken + Absicht = Erfüllung
Ziellosigkeit + hirnen = Frustration

LIFEHACK 11

Die Essenz hinter deinem Wunsch, was steckt wirklich dahinter?

Eine spannende Frage ist diese: Welche Essenz verbirgt sich hinter deinen Wünschen? Wenn es z. B. dein Wunsch ist, eine bestimmte Summe Geld zu erhalten, dann möchten wir jetzt wissen, was steckt hinter diesem Wunsch? Welche Bedürfnisse möchtest du damit befriedigen?

Stell dir die Essenz vor, die dir das Geld bringen soll. Was soll dir das Geld bringen, z. B. das Gefühl der Sicherheit? Oder eher das Gefühl der Freiheit oder das der Anerkennung oder das des Geliebtwerdens? Oder ... Das ist interessant, denn letztlich ist es immer die Essenz unseres Wunsches, die uns glücklich macht. Nach welcher höheren Qualität sehnst du dich?

Wünsche dir auch nichts Unspezifisches, wie Glück oder Reichtum. Frage dich stattdessen, wie sähe denn dieses Glück aus? Was genau brauchst du zum Glücklichsein?

Hier solltest du kurz eine Pause machen: Was brauchst DU zum Glücklichsein? Das ist die vielleicht wichtigste Frage überhaupt. Was genau brauchst du persönlich ganz besonders zum Glücklichsein? Kreuze an:

- ☐ Sicherheit
- ☐ Freiheit
- ☐ Verbundenheit
- ☐ Beständigkeit
- ☐ Zugehörigkeit
- ☐ finanzielle Freiheit
- ☐ Anerkennung
- ☐ Abenteuer

Apropos: Eine gewisse finanzielle Sicherheit, das ist ja für fast jeden von uns eine Art Basiswunsch: Wie viel Geld möchtest du denn auf deinem Konto haben, damit du dich reich fühlst? Wie hoch soll dein monatliches Einkommen sein? Am effektivsten ist es, wenn du eine genaue Summe festlegst. Wenn du dich nicht festlegst und nur denkst »Ich möchte mehr verdienen«, dann bekommst du vielleicht 20 Euro mehr.

Wie viel Geld möchtest du monatlich erhalten? 3.500 Euro oder 4.690 Euro oder 5.800 Euro oder 9.700 Euro oder ...? Eine genaue Zahl wirkt wie ein Magnet! Und denk daran, du musst diese Zahl auch für wahrscheinlich halten.

Trick 1: Wenn wir die Essenz unseres Wunsches kennen, dann kann diese Essenz auch noch durch andere Möglichkeiten zu uns kommen. Möglichkeiten, von denen wir jetzt noch gar nichts ahnen. Die Essenz führt mitten ins Glück.

Trick 2: Eine genaue Zahl wirkt wie ein Magnet. Wie hoch soll also dein monatliches Einkommen sein?

Die richtige Formulierung – das A und O

Die Formulierung unserer Wünsche ist nicht so leicht, wie man vielleicht denken könnte. Es gibt einige Fallstricke zu beachten.

Da gibt es zuerst einmal den **Präzisionstrick**: Formuliere deinen Wunsch möglichst präzise, aber nicht zu konkret. Formuliere deine Wünsche so präzise wie möglich. Je präziser, umso leichter werden sie verwirklicht: Sage also nicht: »Ich würde so gerne in Urlaub fahren.« Formuliere stattdessen wesentlich konkreter: »Ich fahre nach New York.« Durch präzise Aussagen wird eine intensivere Energie freigesetzt.

Aber Achtung, hier versteckt sich eine Falle: Denn auf der einen Seite sollen wir präzise formulieren, aber in bestimmten Angelegenheiten gleichzeitig auch nicht zu konkret. Und hier ist die Lösung: in bestimmten Angelegenheiten! Ganz besonders ist hier der Wunsch nach einer Partnerschaft zu nennen. Beispiel: Du wünschst dir einen Partner und weißt sogar schon, wen. Du hast folgenden Wunsch: Ich komme mit Thomas zusammen. Das Problem: Vielleicht ist Thomas aber gar nicht der bestmögliche Partner für dich, auch wenn du das im Moment glaubst. Formuliere diesen Wunsch also so: »Ich bin so glücklich, dass ich in dieser wunderschönen Partnerschaft lebe. Wir passen einfach perfekt zusammen. Danke für dieses Glück.«

Lass dem Leben (Universum, dem morphogenetischen Feld, der Urkraft …) die Möglichkeit offen, dich zu dem für dich besten Partner, zur besten Lösung zu führen. Du wirst noch dankbar dafür sein.

Ein schönes Beispiel für die Tücken in der Formulierung ist auch dieses: Du möchtest schon lange Spanisch sprechen, raffst dich jetzt auf und schreibst diesen Wunsch auf: »Ich melde mich zu einem Spanischkurs an.«
Diesen Wunsch hat eine Freundin genau so aufgeschrieben. Und weißt du, was dann passiert ist? Das ist so typisch für die Wunscherfüllung, genau so funktioniert das: Sie hat sich tatsächlich für einen Spanischkurs angemeldet. ABER: Sie hat diesen Kurs nie gemacht. Es kam etwas dazwischen. Sie hätte besser formuliert: »Ich habe erfolgreich einen Spanischkurs abgeschlossen«. Oder noch besser und viel einfacher: »Ich spreche perfekt Spanisch.«

Du musst selbst fühlen, wie konkret dein Wunsch formuliert sein kann, ohne Türen zu verschließen.

Trick: *Die Formulierung ist das A und O. Dein Wunsch muss sehr präzise, aber dennoch immer personenunabhängig formuliert sein. Formuliere so genau wie möglich, aber lasse dabei möglichst viele Möglichkeiten zur Erfüllung offen.*[1]

So, jetzt du. Formuliere jetzt deinen Wunsch:

____

____

____

[1] Lesetipp: Anjana Gill, »Die perfekte Wunschformulierung. Der Teufel steckt im Detail«, Silberschnur 2021

Immer daran denken: Wünsche müssen positiv formuliert sein

Check noch einmal kurz die Formulierung deiner ganzen Wünsche ab: Wie hast du deine Wünsche formuliert? Ist der Wunsch durch und durch positiv formuliert? Die Wörter *nein, nicht, kein* etc. versteht dein Gehirn nämlich nicht richtig.

Das ist wirklich wichtig, denn sehr, sehr oft wünschen wir uns, dass ein Zustand, der uns unangenehm ist, verschwindet: z. B. Sorgen aller Art, sehr häufig auch Geldsorgen. Aber Vorsicht vor allen »Abschaffungsformulierungen« für Sorgen! Aus der Wunschformulierung: »Ich habe keine Geldsorgen mehr« wird positiv umformuliert: »Ich bin wohlhabend. Ich lebe ein Leben in Wohlstand und Reichtum.«

Bei der Formulierung »Ich habe keine Geldsorgen mehr« macht das Gehirn genau das Gegenteil und denkt nur noch an Geldsorgen, da es das Wort *nicht* einfach nicht versteht. Deine gute Absicht bewirkt das Gegenteil, und du wirst noch mehr Geldsorgen anziehen!

Noch ein paar Beispiele:

Aus: »Ich will nicht mehr so viel essen.«
Wird: »Ich habe eine schöne Figur.«

Aus: »Ich will nicht mehr alleine sein.«
Wird: »Ich führe eine wundervolle Partnerschaft.«

Aus: »Ich bin nicht mehr schüchtern.«
Wird: »Alles gelingt mir leicht und mühelos.«

Aus: »Ich möchte nicht krank werden.«
Wird: »Ich bin gesund.«

Aus: »Ich will keine Schmerzen mehr haben.«
Wird: »Ich bin gesund und glücklich.«

Hört sich leicht an, aber im Alltag schleicht sich oft ganz unbewusst ein *kein* oder *nicht* ein.

Trick: Check deine eigene Wunschformulierung und wandle sie SOFORT in eine positive Wunschformulierung um.

Orientierungshilfe: Strahlt deine Formulierung diese Energien aus: gesund, glücklich, wohlhabend? Dann bist du auf dem richtigen Weg ...[2]

---

2 Lesetipp: Anjana Gill, »Die perfekte Wunschformulierung. Der Teufel steckt im Detail«, Silberschnur 2021

Die Tücke liegt im Detail

Achtung: Falle!
Mögliches **Hindernis** für eine schnelle Erfüllung:
Achtung falsche Formulierung!
Zum Beispiel: »Ich bin rauchfrei.«
Hier denkt unser Gehirn an Rauch.
Und genau das soll es doch nicht.

Genauso falsch: »Ich bin sorgenfrei.«
Hier denkt unser Gehirn an Sorgen.

»Ich habe keine finanziellen Probleme mehr.«
Hier denkt unser Gehirn natürlich an finanzielle Probleme.

UNIVERSUMSTIPP:
»Frei von ...« darf nicht in der
Formulierung vorkommen.
Umdrehen und positiv formulieren!

UNIVERSUMSTRICK FÜR EINE SCHNELLE ERFÜLLUNG:
Richtige Formulierung:
Ich bin kerngesund.
Mein monatliches Einkommen beträgt ...
Ich bin glücklich und lebe meinen Traum.
Ich liebe meine glückliche Partnerschaft.
Ich liebe meinen Job.
Und so weiter ...

LIFEHACK 14

Schreib es auf!

Kann es sein, dass ein weiteres Geheimnis hinter der Wunscherfüllung das Aufschreiben ist? Ja, absolut! Aufgeschriebenes erfüllt sich tatsächlich besser und schneller. Das Aufschreiben ist eine absolut wirkungsvolle Wunscherfüllungsmethode.

Wir haben das getestet und es hat sich Folgendes herausgestellt: Wünsche, die wir aufgeschrieben haben, haben sich viel zuverlässiger und auch schneller erfüllt als Wünsche, die wir nur mündlich formuliert hatten.

Trick: Schreibe deine Wünsche auf!
Dein geschriebenes Wort wirkt wie ein Magnet ...

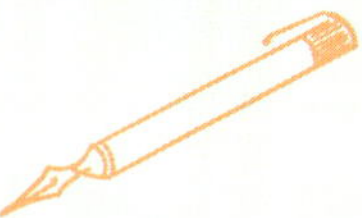

Lege dir am besten ein persönliches Wunscherfüllungsbuch zu. Das wird ein magisches Buch, das wirst du bald sehen. Du kannst dafür sehr gut das Arbeitsbuch »Du und das Universum – da geht was«[3] nehmen, das ist schon für deine Wünsche vorbereitet.

Aber egal, welches Buch du wählst, schreibe deine Wünsche in dein persönliches Wunscherfüllungsbuch und achte dabei auf die richtige Formulierung. Du und dein Wunscherfüllungsbuch – das wird etwas ganz Besonderes.

Geschriebene Wörter wirken magnetisch.

---

[3] Anjana Gill, »Du und das Universum – da geht was. Dein persönliches Wunscherfüllungsbuch«, Silberschnur 2020

WW – das Wunder der Wunschcollage

Wenn du nun zusätzlich zum Aufschreiben deines Wunsches auch noch eine passende Wunscherfüllungscollage gestaltest, dann entwickelst du wahre Erfüllungskräfte! Du wirst dich wundern, was alles möglich ist. Ich konnte es selbst kaum glauben.

Für deine Wunschcollage kannst du Fotos und Bilder aus Zeitungen ausschneiden, die der Erfüllung deines Wunsches nahekommen, und sie in ein Buch kleben. Durch diese Bilder denkt dein Gehirn, dein Wunsch hätte sich bereits erfüllt. Mit der Collage spielen wir unserem Gehirn vor, unser Wunsch sei bereits wahr. Und durch dieses Gefühl der Erfüllung ziehen wir genau diese Erfüllung verstärkt an. Alleine durch das Anschauen der Collage setzen wir eine ungeheure Energie frei – und zwar genau die Energie, die für die Erfüllung unseres Wunsches sorgt. Bilder, Collagen haben eine ungeheure Macht. Nutzen wir diese Macht. Wirkungsvoller geht es nicht.

Ein unfassbar effektiver Trick: Bastele deine eigene Wunschcollage. Möglichst noch heute.

UNIVERSUMSTRICK:

WW – das Wunder der Wunschcollage:
Fotos und Bilder, die zu deinem Wunsch passen, ausschneiden und aufkleben.
Sobald dein Gehirn die Bilder sieht, denkt es, der Wunsch habe sich bereits erfüllt. So schickt es Erfüllungsenergie los.
Und genau diese Energie zieht die Erfüllung noch schneller an.

Zauberwörter:
Wow, danke, Glück, Durchbruch, Erfolg, Anziehung, JA ...
Diese Wörter erhöhen die Wunschenergie, und eine höhere Energie hat Zugang zur Manifestationsebene und holt dort die tatsächliche Erfüllung ab.

UNIVERSUMSTIPP:

Aufschreiben deines Wunsches
+ WW + Zauberwörter
= viel schnellere Wunscherfüllung

Mach das auch ...

P. S.: Wenn du mehr Tipps für die Erstellung einer Wunschcollage möchtest, findest du sie im Arbeitsbuch »Du und das Universum – da geht was«[4].

[4] Anjana Gill, »Du und das Universum – da geht was. Dein persönliches Wunscherfüllungsbuch«, Silberschnur 2020

LIFEHACK 16

Zauberwörter

Es gibt dazu auch noch wahre Wunscherfüllungsbeschleunigerwörter. Ist wirklich wahr. Das sind Wörter mit einer ganz besonderen Energie. Ich nenne diese Wörter auch Schwingungserhöhungswörter. Diese Zauberwörter wirken insofern zauberhaft, als dass sie die Schwingung erhöhen – wann immer wir sie benutzen. Sie erhöhen die Schwingung, wenn wir sie auch nur aussprechen. Wenn wir diese Zauberwörter nun aber auch noch neben unsere Wünsche schreiben, dann erhöhen wir die Energie, die wir aussenden.

Zauberwörter sind z. B.: wow, danke, Glück, Zauber, Durchbruch, Erfolg, Anziehung, JA ...

Das Aufschreiben deines Wunsches + passende Wunschcollage + Zauberwörter = Wunscherfüllung (das geht gar nicht anders)!

Trick: *Schreibe in deine Wunschcollage deine Lieblingszauberwörter. Auf jeden Fall gehören in jede Wunschcollage: Glück! Ja! Danke!*

Danke

Glück

JA!

Trick 17

Fassen wir an dieser Stelle einmal Folgendes zusammen:

Die drei sehr effektiven Maßnahmen zur Erfüllungsunterstützung – also Maßnahmen, damit sich dein Wunsch möglichst zügig erfüllt – sind diese:

- Schreibe deinen Wunsch auf und achte dabei auf die Formulierung.
- Gestalte eine passende Wunschcollage.
- Schreibe die Zauberwörter dazu.

Trick: *Erledige Punkt 1 bis 3 möglichst heute oder spätestens nächstes Wochenende, damit du dich dann in Ruhe um die nächsten Tricks kümmern kannst.*

LIFEHACK 18

Du bist ein Sender

Du und ich und jeder von uns ist ein Sender und sendet ununterbrochen eine ganz bestimmte Energie aus. Und diese Energie bestimmt, was wir empfangen. Denn wir können nur auf der Frequenz empfangen, auf der wir aussenden.

Das Beispiel mit dem Radio kennst du ja wahrscheinlich längst: Wenn du im Radio eine bestimmte Frequenz einstellst, empfängst du die entsprechende Sendung, nämlich die, die genau auf dieser Frequenz ausgestrahlt wird. Das heißt aber nicht, dass es nur diese eine Sendung gibt! Während du nur diese eine Sendung empfängst, werden zur gleichen Zeit noch jede Menge andere gesendet. Du empfängst aber nur die auf deiner Frequenz.

Genau so ist das in unserem Leben auch: Wir empfangen, was wir aussenden. Es gibt aber noch viel mehr.

Die Frage ist also: Welche Energie sendest du aus? Ist es das, was du empfangen möchtest? Oder sendest und empfängst du auf einer Frequenz, die du eben kennst und schon dein ganzes Leben lang eingestellt hast, quasi aus Gewohnheit? Doch immer das Gleiche zu empfangen, kann auf Dauer auch langweilig sein.

Trick: Überprüfe, ob du die Frequenz aussendest, die du empfangen möchtest! Gibt es Differenzen, dann justiere neu und stelle eventuell mal einen anderen Sender ein: Stell deine Frequenz auf Wunscherfüllung ein.

Bedenke immer: Es werden jetzt, genau in diesem Moment, unfassbar viele »Sendungen« ausgestrahlt – entscheide du, welche du empfangen möchtest. Welche Variante deines Lebens möchtest du empfangen? Manchmal ist ein neuer »Sender« wie ein neues Leben ...

Achtung: Irdisch!
Mögliches **bisheriges Hindernis** für eine schnelle Erfüllung:
Du sendest unbewusst auf einer niedrigen Frequenz aus.
Du sendest unbewusst auf der Sorgenfrequenz oder Problemfrequenz oder Angstfrequenz oder Mangelfrequenz aus. Dein *altes Ich* mag diese Frequenz – die kennt es schon so lange.
Vorsicht vor dieser Gewohnheitsfalle.

Höchste Vorsicht: Du empfängst auf genau der Frequenz, die du aussendest.

UNIVERSUMSTRICK:

Wenn du Glück und Freude, Erfüllung und Erfülltsein empfangen möchtest, musst du genau diese Energie aussenden. Auch wenn du diese Dinge jetzt nicht hast – fühle die Vorfreude!
Das steigert deine Energie und sendet auf der genau richtigen Frequenz. Vorfreude zieht die Erfüllung magisch an.

Beispiel: Dein Job wurde gekündigt. Du machst dir große Sorgen. Es ist so schwer, einen neuen Job zu finden ...
Stopp!
Stell dir deine neue, gut bezahlte Arbeitsstelle vor = so sendest du Erfüllungsenergie aus!

Es gibt nur einen Weg zur Erfüllung: VORFREUDE.

60.000 Gedanken. Oder: Erneuerbare Energien

Jedem von uns gehen ca. 60.000 Gedanken pro Tag durch den Kopf. Das ist eine ganze Menge. Wenn wir nun bedenken, dass jeder einzelne Gedanke reine Energie ist, ist das eine ganze Menge Energie, die da jeden Tag zusammenkommt.

Und was geschieht nach dem Denken mit dieser Energie? Was macht die Energie dann? Energie bewirkt etwas – immer. Energie löst sich nicht in Luft auf. Nie.

Das bedeutet, dass unsere Gedanken eine bestimmte Energie freisetzen. Das bedeutet, dass unsere Gedanken eine bestimmte Energie erzeugen. Unsere Gedanken sind ein wahres Energiekraftwerk. Und genau diese Energie bewirkt etwas. Und zwar in unserem Leben!

Da lohnt sich ein näherer Blick auf unsere Gedankenwelt.

Welche Gedanken bestimmen deinen Tag?
Welche Gedanken hattest du seit heute morgen?

Beobachte das einmal: Womit beschäftigen sich deine 60.000 Gedanken/Tag? Bedenke: Gedanken sind kleine Diener, die dir die Energie holen, mit der du sie selbst gefüttert hast ...

Trick: *Füttern wir unsere Gedanken mit positiver, konstruktiver Erfüllungsenergie. Und wenn es nur 5000/Tag sind. Je mehr positive Energie wir mit unseren Gedanken erzeugen, umso positiver wirkt sich das auf unser Leben aus.*

Jeder positive Gedankendiener bringt uns schneller zu unserem Herzenswunsch. Also seien wir egoistisch und denken wir positiv! Jeder positive Gedanke ist ein Geschenk an dich selbst. Mit jedem negativen Gedanken dagegen tust du nur den Menschen einen Gefallen, die nicht wollen, dass du glücklich wirst. Jeder negative Gedanke ist ein Geschenk an Menschen, die uns nicht mögen. Wie krass ist das denn? Von mir gibt es ab sofort keine Geschenke mehr an sie.

60.000 kleine Gedankendiener bringen uns, was wir ihnen auftragen.

Achtung: Falle!

Mögliches bisheriges **Hindernis** für eine schnelle Erfüllung:
Wir denken an Probleme und Sorgen, an Dinge, die schieflaufen ...
Und unsere Gedankendiener ziehen sofort los und holen uns das.
Die Energie unserer Gedanken hinterfragt nicht – sie führt nur aus.

Vorsicht irdisch!

Negative Gedanken sind, als würdest du dich selbst ritzen, als würdest du dich selbst verletzen. Jeder negative Gedanke ist eine Ohrfeige für dich selbst. Und, wie oft hast du dir heute schon eine runtergehauen?

UNIVERSUMSTRICK:

Wenn wir schon denken, dann können wir auch positiv denken. Unsere Gedanken müssen zielorientiert und lösungsorientiert sein, sie müssen glücklich machen.

Tue nichts Ungesetzliches

Wir alle müssen uns an geltende Gesetze halten. Und weißt du, welches die wichtigsten Gesetze ever sind? Das Gesetz von Ursache und Wirkung und das Gesetz der Anziehung.

Das Gesetz von Ursache und Wirkung besagt, dass nichts im Universum und auf der Erde einfach so geschieht. Alles, was geschieht, hat eine Ursache. Und jede Ursache hat eine Wirkung. Was heißt das jetzt für dein Leben?

Es bedeutet: Alles, was jetzt ist, hast du irgendwann verursacht. Und alles, was du jetzt tust, wird irgendwann eine Wirkung zeigen. Das bedeutet, dass du heute erlebst, was du »gestern« verursacht hast, und dass du mit dem, was du heute tust, etwas in der Zukunft bewirkst. Das Gesetz der Anziehung besagt, dass du das, was du aussendest, auch wieder anziehst. Einfach ausgedrückt bedeutet es: Wenn du beispielsweise Mangelgefühle aussendest, wirst du Mangel anziehen. Wenn du Glück aussendest, wirst du Glück anziehen.

Trick: Halten wir uns an die Gesetze, besser noch: Verinnerlichen wir diese Gesetze. Wir haben ja auch verinnerlicht, dass wir nicht stehlen sollen oder Ähnliches.
Verinnerlichen wir jetzt: Alles, was wir tun, denken und fühlen, hat eine Wirkung. Alles, was wir tun, denken und fühlen, ziehen wir wieder an.

Wenn wir uns nicht an die Gesetze halten, landen wir im Gefängnis. Und das stimmt tatsächlich: Wir landen in unserem eigenen Opfergefängnis. Wenn wir nicht verstehen, dass wir anziehen, was wir aussenden, und dass alles eine Wirkung hat, dann bleiben wir in unserer geistigen Gefängniszelle und dürfen höchstens einmal am Tag im Hof spazieren gehen. Das Potenzial unserer Möglichkeiten können wir im Gefängnis so nicht ausleben. Verlassen wir daher unser geistiges Gefängnis!

Achtung: Irdisch!
Mögliche bisherige **Hindernisse** für eine schnelle Erfüllung:
Wir glauben, das Leben geschieht einfach, ohne unser Zutun.
Die Dinge geschehen angeblich einfach, und wir können nur reagieren. Dieses alte Glaubensmuster müssen wir umdrehen. Wir kreieren unser Leben ... mit jedem Gedanken, jedem Gefühl und jeder Tat.

Vorsicht:
Wir sind keine Opfer!

UNIVERSUMSTRICK:

Bei allem, was wir tun, fühlen und denken, müssen wir uns an diese Gesetze halten:

1. Gesetz von Ursache und Wirkung
2. Gesetz der Anziehung

Die Frage, die wir uns jeden Tag stellen sollten, lautet: Möchte ich das, was ich tue, denke und fühle, zurückbekommen?

LIFEHACK 21

Aktion – Reaktion

Ein guter Trick für eine schnellere Wunscherfüllung ist es, aus dem Reaktionsmodus herauszukommen.

Das Motto lautet: agieren, nicht »re-agieren«.

Schau dir mal dein momentanes Leben näher an: In welchen Bereichen agierst du und in welchen Bereichen reagierst du?

Agieren bedeutet: die Richtung, in die wir uns bewegen, selbst zu bestimmen. Reagieren bedeutet: hinterherzulaufen.

Trick: *Versuche, sooft wie möglich zu agieren. Manchmal muss man natürlich auch reagieren – und auch schnell. Manchmal treffen unerwartete Ereignisse ein, die dann unerwartete Maßnahmen erfordern. Aber durch schnelles Reagieren kommen wir auch schnell zurück in den Aktionsmodus.*

Reagieren bedeutet, den Ereignissen hinterherzulaufen. Man fühlt sich fremdbestimmt. Der Aktionsmodus bedeutet Selbstbestimmung.

Kurze Selbstanalyse:
In welchen Bereichen bist du in welchem Modus?

Aktionsmodus	**Reaktionsmodus**
Du agierst	Du reagierst

Je voller die linke Seite ist, umso besser. Denn die linke Seite führt zu deiner Wunscherfüllung ...

Lebst du schon oder reagierst du noch?

Achtung: Falle!

Mögliches bisheriges **Hindernis**:

Hase und Igel

Unser Leben ist scheinbar fremdbestimmt, dadurch kommen wir ins Reagieren. Wir möchten es allen möglichen Menschen recht machen und erfüllen unsere Pflichten.

Wir haben das Gefühl, dem Leben hinterherzurennen.

UNIVERSUMSTRICK:

Jeden Tag etwas mehr agieren statt reagieren.
Reagieren erfüllt keine Wünsche.
Mit dem Reagieren entfernen wir uns immer weiter von der Verwirklichung unserer Wünsche.
Aus dem Reaktionsmodus in den Aktionsmodus kommen.
Verwirklicher reagieren nicht nur,
Verwirklicher agieren und gestalten.

LIFEHACK 22

Schalten wir den Verstand mal aus

Als Kind – und manchmal auch noch heute – wurde uns eingetrichtert: »Kind, jetzt schalte doch mal deinen Verstand ein!«

Ich empfehle dir jetzt das Gegenteil: Schalte deinen Verstand mal aus.

Unser Verstand arbeitet auf der Grundlage der Vergangenheit. Alles, was wir beurteilen, planen etc., scannt unser Verstand mit dem ab, was er kennt, was er bereits erfahren und erlebt hat. Der Verstand bewertet alles auf der Grundlage der Erfahrung. Wenn wir aber etwas Neues erleben und erfahren möchten, dann müssen wir nicht unseren Verstand fragen. Er weiß es einfach nicht, denn er kennt sich nur mit unserer Vergangenheit aus. Wenn wir also z. B. »Erfolg« statt wie bisher »Durststrecke« verwirklichen wollen, dann sollten wir nicht nur unseren Verstand fragen. Denn der hat ja scheinbar bis heute für »Durststrecke« gesorgt. Wenn der Verstand unsere Wünsche erfüllen könnte, dann wären sie ja längst wahr geworden!

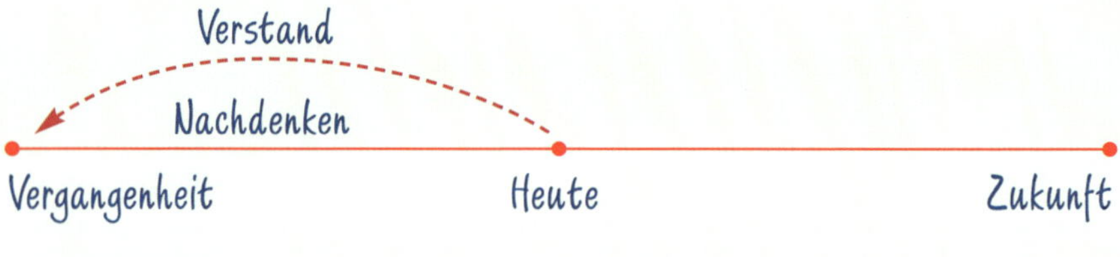

Wenn wir neue, spannende und erfüllende Varianten unseres Lebens leben möchten, dann müssen wir in die Zukunft eintauchen. Und das kann unser Verstand leider nicht. Aber unser Bewusstsein kann das. Unsere Wahrnehmung kann das.

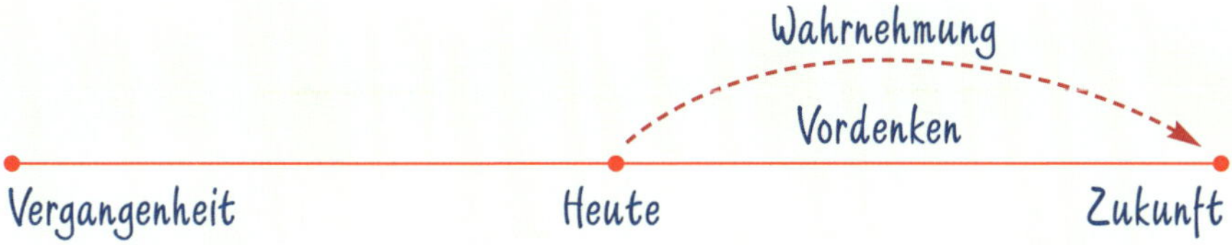

Unser Verstand ist ein prima Partner bei der Bewältigung unseres Alltags. Für die Schaffung unserer Zukunft sollten wir ihn aber mal ausschalten und stattdessen auf unser Bewusstsein achten. Denn der Verstand würde nur unsere Vergangenheit durchleuchten, feststellen, dass das noch nie so war, und uns sagen: »Das geht nicht. Das klappt nie und nimmer.«

Trick: Den Verstand ausschalten, wenn du willst, dass sich deine Wünsche jetzt erfüllen. Schalte von der Verstandesebene auf die Wahrnehmungsebene.

Und wenn wir schon den Verstand einschalten, dann um »vorzudenken« und nicht um nachzudenken. Menschen, deren Wünsche sich erfüllen, sind Vordenker! Wunscherfüller sind immer Vordenker.

Der Verstand kann unseren Herzenswunsch nicht erfüllen, sonst hätte er es ja längst getan.

Achtung: Irdisch!

Mögliches bisheriges **Hindernis**:

Wir lassen uns nach wie vor zu sehr von unserem Verstand leiten.
So wie wir es gelernt haben.
Unser *altes Ich* pocht darauf.
Aus Erfahrung lernen ist okay, aber mehr auch nicht.

UNIVERSUMSTRICK:

Statt denken/nachdenken: wahrnehmen.
Unser *neues Ich* taucht ein in die Erfüllung und weiß dann, was wir jetzt zu tun haben.
Du kannst gar nicht oft genug in den Zustand der Erfüllung eintauchen ...

LIFEHACK 23

Erwartungsmodus

Eine sehr interessante Frage ist diese: Was erwartest du?

Wenn du über dich und dein Leben nachdenkst, was erwartest du? Was erwartest du wirklich tief in deinem Inneren? Erwartest du goldene Zeiten für dich? Oder erwartest du Probleme und Schwierigkeiten?

Trick: *Es gibt nur eine richtige Erwartung: Erwarte die Erfüllung deiner Wünsche. Immer! Erwarte immer, dass deine Erfüllung jeden Moment eintreffen kann. In jedem Moment. Auch gerade jetzt. Jede andere Form der Erwartung stellt sich zwischen dich und die Erfüllung.*

Jedes Mal, wenn du deinen eigenen Erfüllungserwartungsmodus verlässt, also in jedem Moment, in dem du nicht die Erfüllung erwartest, entfernt du dich wieder etwas von der Erfüllung. Das ist wie bei Monopoly: Du bist kurz vor der Schlossallee (Erfüllung) und dann musst du zurück auf Los oder ab ins Gefängnis – nur weil du deinen Erwartungsmodus verlassen hast.

Bleibe in deinem Inneren zu jeder Zeit fest in der Erfüllungserwartung. Die Energie, die du damit aussendest, ist unfassbar intensiv.

Achtung: Irdisch!

Weit verbreitetes **Hindernis**:

Erwartest du in Wirklichkeit, dass es nicht klappt oder dass es Probleme geben wird?
Das tun wir fast alle. Heimlich zumindest.
Und damit verscheuchen wir unbewusst die Verwirklichung unserer Wünsche.
Wir senden die »Es-klappt-bestimmt-nicht-Energie« aus.

UNIVERSUMSLÖSUNGSTRICK:

Erwarte IMMER die Erfüllung deines Wunsches.
Diese Energie ist sehr intensiv, das ist reine Erfüllungsenergie.

LIFEHACK 24

Achtsamkeitslupe

Nimm dein Leben mal unter die Achtsamkeitslupe. Achte mal darauf, wie deine Umgebung beschaffen ist. Der Mensch ist ein Gewohnheitstier, und mit der Zeit nehmen wir unsere Umwelt gar nicht mehr bewusst wahr. Man arrangiert sich mit den Gegebenheiten, das macht jeder so. Bestes Beispiel: Wenn du nach dem Umzug nicht möglichst schnell eine Lampe anstelle der Glühbirne aufhängst, dann gewöhnst du dich an die Glühbirne und sie hängt noch in zwei Jahren da. So geht es allen Menschen, und deshalb ist es sehr gut, ab und zu mal gedanklich zur Seite zu treten und durch die Achtsamkeitslupe zu schauen.

Das ist interessant. Was siehst du da? Wie ist deine Wohnung? Vermittelt sie dir positive Schwingungen? Bist du glücklich darin? Was stört dich? Kannst du es ändern? Warum hast du es noch nicht getan?

Wie sind deine Freunde? Sind sie positiv und unterstützen und motivieren dich, oder sind sie eher destruktiv und versuchen, dich zu bremsen?

Wie ist deine Arbeitsstelle? Fühlst du dich dort wohl? Wird deine Arbeit anerkannt? Sind deine Kollegen angenehm?

Wie steht es mit dir selbst? Achtest du auf dich? Nimmst du dir Zeit für dich? Oder erledigst du ständig nur deine To-do-Liste?

Achtsamkeitstrick: Nimm die verschiedenen Bereiche deines Lebens unter die Achtsamkeitslupe und finde heraus, was dir *guttut und was eher nicht so. Was dir guttut, erhöht deine Schwingung. Was dir nicht so guttut, senkt deine Schwingung ab.*

Klar kannst du nicht alles ändern, aber jede Kleinigkeit, die dir guttut und deine Schwingung erhöht, ist in Wirklichkeit etwas Großes. Jede »Kleinigkeit« dieser Art ist wichtig. Also beantworte dir selbst diese interessante Frage: Was kannst du verbessern? Wie kannst du dein Wohlbefinden steigern?

Fangen wir mit Blumen an. Schenken wir dem wichtigsten Menschen in unserem Leben Blumen – uns selbst.

Achtsamkeit statt Abarbeiten

Achtung: Irdisch!
Mögliches bisheriges **Hindernis:**
Wir achten auf alles Mögliche, aber oft auf Unwichtiges.
Beim Abarbeiten unserer To-do-Liste vergessen wir die Achtsamkeit.

ERFÜLLUNGSTRICK:

Achte ab jetzt darauf, wer und was dir guttut
und deine Schwingung erhöht,
und folge diesen Dingen und Menschen.
Das sind Erfüllungsunterstützer!

ERFÜLLUNGSTIPP:

Stell dir immer mal wieder diese Fragen:

- Welcher deiner Freunde tut dir gut, welcher eher nicht?
- Wie ist dein Job?
- Wie ist deine Wohnung?
- Wie bist du selbst zu dir?

LIFEHACK 25

Die Bereiche deines Lebens

Selbsterkenntnis ... Was genau brauche ich zum Glücklichsein?

Eine hilfreiche Methode, um das herauszufinden, ist diese: das Leben in Bereiche einteilen. Das läuft in zwei Schritten ab:

Schritt 1: Teile dein Leben in für dich wichtige Bereiche ein. Ich zeige mal ein Beispiel:

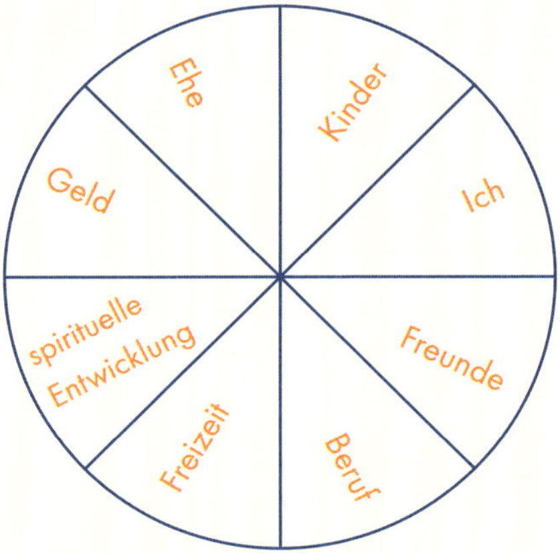

Schritt 2: Überlege dir nun für jeden einzelnen Bereich, was dich glücklich machen würde und welche Ziele du diesbezüglich hast:

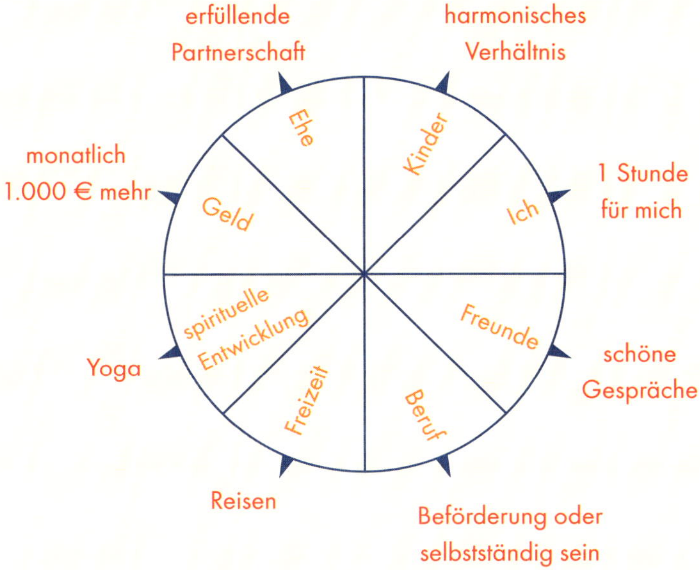

Trick: Werde dir klar: Was brauchst du in welchem Bereich zum Glücklichsein? Das Klarwerden ist ein wichtiger Schritt zum Glücklichsein.

Und nun zu deinen Kreisen. Fülle die beiden aus:

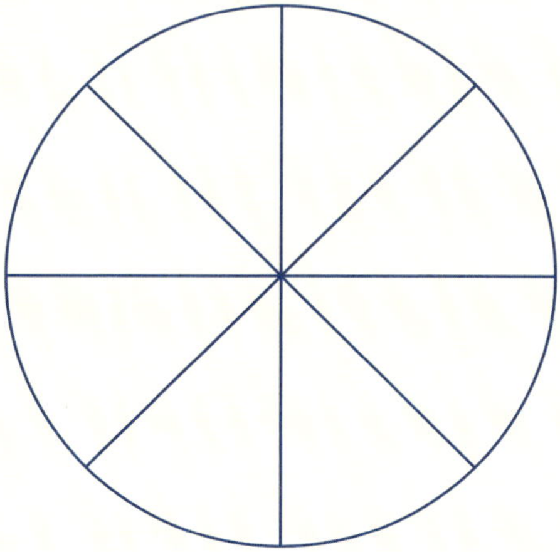

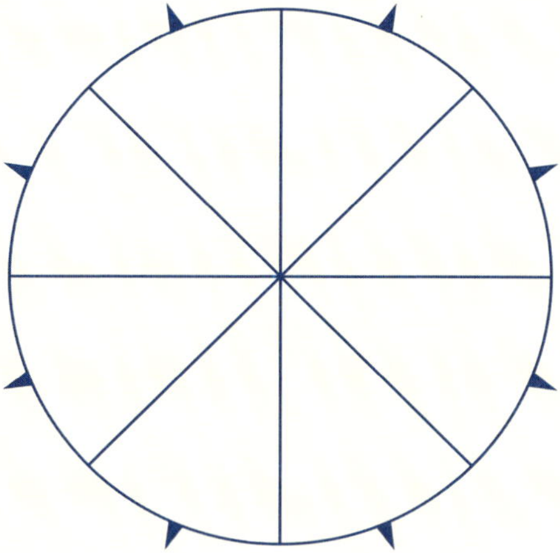

Dein Jetzt-Ich trifft dein Zukunfts-Ich. Oder: Deine Zukunft beginnt immer jetzt

Interessante Frage: Frage dein Zukunfts-Ich, was du heute tun kannst, damit sich dein Wunsch erfüllt. Dein Zukunfts-Ich, das bist du, wenn sich dein Wunsch erfüllt hat. Dein Zukunfts-Ich weiß also, was du vorher für die Erfüllung getan hast.

Liebes Zukunfts-Ich, was kann ich heute für dich tun? Soll ich jemand Bestimmten anrufen oder einen Kontakt herstellen? Soll ich mich weiterbilden? Soll ich mich irgendwo anmelden? Soll ich mich bewerben? Soll ich ...?

Setze dich mit deinem Zukunfts-Ich zusammen und besprich, wie du vorgehen solltest. Dein Jetzt-ich trifft dein Zukunfts-Ich – das ist ein absoluter Wunscherfüllungsbeschleuniger.

Trick: *Es ist die perfekte Zeit für ein Treffen mit deinem Zukunfts-Ich: Was kannst du heute tun? Frag es genau jetzt: Liebes Zukunfts-Ich, was kann ich heute für dich tun?*

Mach dann auch, was es dir gesagt hat. Auch der weiteste Weg fängt mit einem ersten Schritt an ... Und **jetzt** ist immer der perfekte Moment für diesen ersten Schritt. Welches ist dein erster Schritt?

Mein erster Schritt:

____

____

____

Danke für den Tipp, mein liebes Zukunfts-Ich.

Achtung: Irdisch!
Mögliches bisheriges **Hindernis:**
Eingeschränkte Sicht.
Wir handeln jetzt – aus der Sicht unseres *Jetzt-Ichs*.
Dein *Jetzt-Ich* weiß aber nichts von der Zukunft.
Es kennt nur deine Lebenszeit bis heute.

TRICK ZUR SCHNELLEREN WUNSCHERFÜLLUNG:

Rendezvous mit deinem *Zukunfts-Ich*:
Triff dich mit deinem *Zukunfts-Ich*, es kennt den Weg.
Und frag dein *Zukunfts-Ich*, was du heute
für die Erfüllung tun kannst ...

LIFEHACK 27

Musst du noch oder darfst du schon?

Ganz wichtig für die Anziehung unserer Wunscherfüllung ist die Energie, die wir während des ganzen Tages aussenden. Jetzt spüre mal den Unterschied zwischen *müssen* und *dürfen*:

»Ich muss die Wäsche machen, ich muss die Mails beantworten und ich muss x anrufen.«

Und jetzt kommt der Trick: Ersetze *ich muss* mit *ich darf*:

»Ich darf waschen, ich darf die Mails beantworten und ich darf x anrufen.«

Ich darf sendet eine Energie der Leichtigkeit aus. *Ich muss* eine Energie der Schwere. Müssen ist eine Last. Dürfen ist ein Vergnügen. *Ich muss* bremst aus. *Ich darf* öffnet Türen.

Trick: Beobachte dich selbst: Was musst du und was darfst du? Und jetzt verwandle jedes Müssen in ein Dürfen.

Man glaubt gar nicht, was sich durch diesen kleinen Trick alles verändert: nicht weniger als unser ganzes Leben! Alles wird plötzlich fröhlicher und leichter. Und das wiederum ist der perfekte Boden für die Wunscherfüllung.

Unsere Wünsche erfüllen sich nicht aus der Schwere. Auf dem Boden der Last und der Schwere gedeiht die Erfüllung nicht. Aber ab jetzt *dürfen* wir ...

Schreib mal auf, was du heute alles machen musst:

Ich muss heute:

____

____

____

schwere Energie

Und jetzt wandle um, in:

Ich darf heute:

____

____

____

leichte Energie

Achtung: Irdisch!

Mögliches bisheriges **Hindernis**:

Wir haben ständig das Gefühl, wir müssten dieses oder jenes tun.
Dieses Müssen fühlt sich schwer an.
Und diese Schwere entfernt uns von der Erfüllung.
Das Gefühl der Schwere senkt die Energie, die wir aussenden.

TRICK FÜR EINE SCHNELLE ERFÜLLUNG:

Umdrehen! Aus »müssen« machen wir »dürfen«.
In Wahrheit ist es eine Ehre, dass wir dies und das machen dürfen.
Stell dir für einen Moment vor, du wärst krank und könntest die alltäglichen Dinge nicht mehr verrichten – dann erkennst du, dass es kein Müssen, sondern ein Dürfen ist.
Dürfen macht leicht und erhöht deine Energie augenblicklich.

Frag deinen Bauch

Kompass: Bauchgefühl! Unser Bauchgefühl beschützt uns.

Unser Kopf denkt rational, aber unser Bauch »denkt« viel weiter. Unser Bauchgefühl ist mit einer weiteren, höheren Ebene verbunden. Achte daher unbedingt auf dein Bauchgefühl, es hat fast immer recht. Wenn du bei einer Entscheidung ein ungutes Bauchgefühl hast, dann entscheide dich anders. Du kennst das ja, wenn du plötzlich dieses ungute Bauchgefühl hast – hör darauf, es beschützt dich.

Dein Bauch zeigt dir den Weg. Dein Bauch ist klug.

Leider ignorieren wir diesen wertvollen inneren Kompass immer öfter. Das kommt durch die fortschreitende Technisierung. Wir fragen unser Handy statt unseren Bauch. Aber das können wir ja ändern. Denn wir brauchen eigentlich keinen Rat von außen – wir können einfach unser Bauchgefühl fragen.

Trick: *Das Geheimnis ist dieser Satz: Folge deinem Bauchgefühl – es zeigt dir den richtigen Weg. Dein Bauchgefühl weiß, wo es langgeht …*

Und, was sagt dein Bauch jetzt gerade? Du hast Hunger? Das meinte ich eigentlich nicht.

Wenn du an deinen Wunsch denkst oder an eine anstehende Entscheidung, was sagt dein Bauch jetzt gerade dazu? Frage den mal ganz bewusst. Leg deine Hand auf deinen Bauch, um eine noch intensivere Verbindung herzustellen, und dann spüre, welches Gefühl in dir entsteht, welches Bauchgefühl hast du?

Und dann folge diesem Gefühl. Ist es gut, dann gehe weiter diesen Weg, ist es nicht gut, dann ändere die Richtung. Zweifel nicht – Zweifel schickt dir nur dein Kopf. Der ist eifersüchtig auf den Bauch.

Achtung: Irdisch!

Mögliches bisheriges **Hindernis:**

Wir ignorieren unser Bauchgefühl und hören mehr auf unseren Kopf.

Ein Beispiel: Du möchtest einen möglichst kurzen Weg nach Hause nehmen, aber kurz bevor du in eine bestimmte Straße einbiegst, hast du ein komisches Gefühl, dein Bauchgefühl meldet sich. Aber du ignorierst es ...

Oder: Du willst einen Job annehmen, der gut bezahlt ist, aber da ist dieses ungute Bauchge-fühl. Doch du ignorierst es ...

UNIVERSUMSTRICK:

Höre IMMER auf dein Bauchgefühl.
Dein Bauchgefühl ist der beste Ratgeber, den du hast.
Dein Bauchgefühl wird nicht zulassen, dass du dich falsch entscheidest.
Dein Verstand beurteilt nach anderen Kriterien:
kurzer Weg, gute Bezahlung ...
Aber dein Bauch weiß es besser!

LIFEHACK 29

Die gute alte »So-tun-als-ob-es-schon-wahr-wäre-Methode«

Ein absoluter Wunscherfüllungsbeschleuniger ist es, so zu tun, als ob unser Wunsch schon wahr wäre. Das ist ganz einfach: Stell dir vor, wie du dich fühlst, wenn dein Wunsch sich erfüllt hat. Stell es dir mit allen Sinnen vor. Wie fühlst du dich? Was empfindest du?

Stell dir deinen Zustand der Erfüllung immer und immer wieder vor. Und vor allen Dingen: Tue in deinem Inneren so, als ob dein Wunsch bereits wahr wäre, dann dauert es nicht mehr lange und er ist wahr geworden und wird sich in der äußeren Welt zeigen.

Wenn du dir beispielsweise wünschst zu heiraten, dann fühle den Ring an deinem Finger, auch wenn da jetzt noch kein Ring ist, sogar wenn du noch nicht mal einen Partner hast. Fühle den Ring gedanklich.

Wenn du dir wünschst, einen tollen Job zu haben, dann stelle dir gedanklich vor, wie du diesen bereits ausübst.

Wenn du ein Buch schreiben möchtest, dann halte gedanklich dein fertiges Buch in deinen Händen und blättere darin ...

Das hört sich für dich zu einfach an? Ist aber so – du wirst schon sehen.

Trick: *So tun, als ob unser Wunsch bereits wahr wäre. Sich so fühlen, als ob der Wunsch bereits wahr wäre.*

Du musst die Erfüllung schon in deiner inneren Welt erleben und fühlen, bevor die Erfüllung sich in der äußeren Welt zeigt – das ist ein Turbobeschleuniger. Und jetzt tue so, als ob DEIN Wunsch bereits wahr wäre.

Noch ein Trick: *Das 3-Meter-Brett. Stell dir vor, du stehst auf einem 3-Meter-Brett und springst jetzt von da aus in die Erfüllung. Du tauchst regelrecht ein in die Erfüllung deines Wunsches und badest darin.*

Herrlich – am liebsten möchte ich gar nicht mehr aus dem Wasser kommen ...

LIFEHACK 30

Dein persönlicher Goldspruch

Der Trick mit deiner eigenen Affirmation. *Affirmare* kommt aus dem Lateinischen und bedeutet »bekräftigen«.
Ein Trick zur Wunscherfüllung ist, dass du dir, passend zu deinem Wunsch, eine positive Affirmation überlegst. Diese Affirmation kannst du dann, wie ein Mantra, ständig wiederholen. Das Geheimnis hinter einer Affirmation ist die Wirkung von Wörtern: Worte ziehen aus, um genau das zu verwirklichen und anzuziehen, was sie ausdrücken.

Ich mache dir mal einige Vorschläge für mögliche Affirmationen:

Alles, was ich anfasse, wird zu Gold.

Ich liebe meinen Job.

Ich bin immer zur richtigen Zeit am richtigen Ort.

Ich bin ein Glücksmagnet.

Das Universum überschüttet mich mit Glück ...

Und jetzt bist du dran: Welche Affirmation würde perfekt zu dir und deinem jetzigen Wunsch passen?

Trick: Wähle eine Affirmation, bei der du ein richtig glückliches Gefühl bekommst. Das Geheimnis dahinter: Glück zieht Glück an.

P. S.: Ich selbst habe oben auf jede Seite in meinem Wunscherfüllungsbuch diesen Affirmationssatz geschrieben: »Das Universum überschüttet mich mit Glück.« (Ich liebe diesen Satz.) Und ich muss sagen, es wirkt schon.

Nimmst du denselben Spruch? Oder welcher fühlt sich für dich genau richtig an?

Achtung: Irdisch!
Mögliches bisheriges **Hindernis:**
Leider haben wir oft negative Affirmationen verinnerlicht, z. B.

- »Das wird schwer.«
- »Das klappt bestimmt nicht.«
- »Der Wohnungsmarkt ist leer gefegt.«
- »Das ist eine Hutnummer zu groß für mich.«
- »Das kann ich mir niemals leisten.«

Solche Sätze schwächen uns enorm.
Diese Energie entfernt uns von der Erfüllung.

Vorsicht:
Negative Affirmationen haben sich oft bereits seit der Kindheit fest in uns verankert. Wir sind damit aufgewachsen und halten sie für wahr.

TRICK FÜR EINE SCHNELLERE ERFÜLLUNG

Kreiere deinen Goldspruch, z. B. die Affirmation:
»Ich bin ein Glücksmagnet! Das Universum/das Leben überschüttet mich mit Glück.«

Kreiere positive Sätze:

»Ich freue mich so, dass …«

»Wie schön, dass …«

»Ich bin glücklich, dass …«

LIFEHACK 31

Das Loslassgesetz

Das ist wirklich ein sehr interessantes Gesetz. Hört sich zunächst etwas paradox an, ist aber tatsächlich so: Erst wenn wir etwas loslassen, dann wird es geschehen.

Lass alles, was du dir sehnlichst wünschst, heute einmal los. Vertraue einfach darauf, dass es wahr werden wird. Und vertraue zusätzlich auf deine »sozialen Netze«. Unsere sozialen Netze sind nämlich nicht nur auf diese Erde beschränkt, wir haben auch himmlische Helfer. Du hast himmlische Helfer. Jeder hat sie. Unsere besten sozialen Netze sind kosmisch. Und unser kosmisches Netzwerk hat ganz andere Möglichkeiten – wir brauchen uns gar nicht so viele Gedanken zu machen.

Trick: *Loslassen. Mach dir einen schönen Tag – dein Netzwerk kümmert sich. Wenn wir loslassen, kann unser Wunsch fliegen und sich erfüllen.*

Loslassen, vertrauen und einfach mal glücklich sein, das wirkt Wunder.

Wenn du loslässt, wird es geschehen

Achtung: Irdisch!
Mögliches bisheriges **Hindernis** für deine
schnelle Wunscherfüllung:
Wir halten unseren Wunsch unbewusst fest, indem wir von morgens bis abends überlegen, was wir alles dafür machen könnten.
Loslassen fällt uns oft schwer.
Dadurch verhindern wir die Erfüllung.

KOSMISCHER TRICK:

Stell dir Folgendes vor:
Du gehst spazieren und hängst deinen Wunsch an einen roten Luftballon. Und nun: Lass ihn fliegen und hab Vertrauen – 100%iges Vertrauen.

Wunscherfüllungsformel:
100% Vertrauen + loslassen = Verwirklichung

Das magische Wort. Oder: Wie heißt das Zauberwort?

Ein einziges Wort kann unser ganzes Leben verändern. Und es gibt ein Wort, das ist in der Tat magisch. Dieses eine Wort öffnet die Tür zu unserer Wunscherfüllung. Dieses faszinierende Wort heißt: DANKE!

In dem Moment, in dem du danke sagst, verändert sich alles: Du veränderst dich. Die Schwingung, die du ausstrahlst, verändert sich. Das, was du magnetisch anziehst, verändert sich. Wenn du danke sagst, ziehst du gute Dinge an.

Ein Trick ist es, auch danke zu sagen, wenn es scheinbar keinen Grund dafür gibt: »Danke, dass heute wieder alles schiefläuft. Danke, dass das nicht geklappt hat.« Durch DANKE veränderst du eine ungute Gegebenheit und nimmst die negative Energie heraus. Du weißt ja inzwischen, dass du, damit sich dein Wunsch erfüllt, positive Energie ausstrahlen musst. Das ist eine wesentliche Voraussetzung für die Wunscherfüllung. Und das schaffst du mit einem Danke.

Trick: Danke, danke, danke – sag das am besten jetzt sofort und dann sooft es geht. Danke verändert dein ganzes Leben. Am besten sagen wir alle schon morgens nach dem Aufstehen als Erstes einmal DANKE. Dann wird unser gesamter Tag ganz anders, viel schöner verlaufen.

Trick: Morgens als Erstes danke sagen, statt an deine To-do-Liste zu denken. Abends vor dem Einschlafen als Letztes danke sagen, und deine Träume werden ganz anders sein. Und du weißt ja, das Universum spricht über deine Träume mit dir ...

Danke ist das stärkste Wunscherfüllungsbeschleunigerwort, das ich kenne. In meinem Wunscherfüllungsbuch wimmelt es nur so davon ...

TRICK:

Danke – danke – danke

LIFEHACK 33

Spiegelhopping. Oder: Das Spiegelspiel

Die äußere Welt ist immer auch dein Spiegel. Eigentlich ist diese Erkenntnis ja so gemeint, dass unser innerer Zustand bestimmt, was uns in der äußeren Welt gespiegelt wird. Aber wir drehen das jetzt mal um: Das Äußere kann auch etwas in unserem Inneren verändern. Unser Spiegelbild kann etwas in unserem Inneren verändern.

Und jetzt zu unserem Spiegeltest: Du gehst an einem Spiegel vorbei und denkst:

- ☐ Ich bin fett geworden.
- ☐ Ich müsste mal wieder Sport treiben.
- ☐ Du strahlst dein Spiegelbild an und dein Spiegelbild strahlt zurück.

Na, was hast du angekreuzt?

Das soll dich daran erinnern: Sobald du in die Welt strahlst, wird die Welt mit einem Strahlen antworten. Das geht gar nicht anders.

Trick zur Erinnerung, damit wir das nicht vergessen: Jeder Spiegel erinnert uns daran, dass das Außen ein Spiegel unseres Inneren ist. Wann immer du an einem Spiegel vorbeigehst, strahle dich an! Strahle dein Spiegelbild an und die Welt wird zurückstrahlen.

Tipp, damit wir das Anstrahlen verinnerlichen: Spiegelhopping – suchen wir uns, jetzt gleich, mindestens drei Spiegel und strahlen wir uns an.

Achtung: Irdisch!

Mögliches bisheriges **Hindernis**:

Wir sehen uns selbst viel zu oft viel zu kritisch und nur unsere Schwächen.
Das zieht uns runter und schwächt unsere Energie.
Und diese niedrige Energie verscheucht die Erfüllung.

UNIVERSUMSTRICK:

Strahle dich selbst an.
Wenn du in die Welt strahlst, strahlt sie zurück.
Das ist ein absoluter Wunscherfüllungsbeschleuniger.
Je mehr du strahlst, umso höher wird deine Energie.
Je höher deine Energie, umso schneller ist die Erfüllung da.
Eine hohe Energie zieht die Erfüllung magisch an.

1 Euro »Schmerzensgeld«

Wir alle kennen diese Sätze, die nicht gut für uns sind und die wir trotzdem ab und zu mal benutzen. Sätze wie diese:

»Das sind harte Zeiten.«

»Das Leben ist kein Ponyhof.«

»Ohne Ärger gibt's kein Geld.«

»Kann ich mir nicht leisten.«

»Es ist so schwer ...«

Du weißt, welche Sätze ich meine.

Wann immer du dich dabei erwischst, so einen Satz zu denken oder zu sagen, zahle dir 1 Euro! Das ist Schmerzensgeld für dich selbst. Denn nichts anderes tun diese Sätze: Sie fügen uns Schmerzen zu. Sie ziehen uns runter, verderben unsere Energie, die wir ausstrahlen, und sorgen damit dafür, dass wir uns immer weiter von der Erfüllung unserer Wünsche entfernen. Und dafür sollen sie zahlen.

Der 1-Euro-Trick: *Jeder Satz, der dich von der Erfüllung deiner Wünsche entfernt, soll dir 1 Euro Schmerzensgeld zahlen. Und von diesem Geld kaufst du dir etwas Schönes, das deine Energie erhöht.*

Was meinst du, wie schnell diese Sätze aus deinem Leben verschwinden werden ...

Tipp: Suche dir eine Dose, ein Sparschwein oder ein Schälchen und stell es gut sichtbar auf. Und zahle immer sofort, wenn du dich erwischst. Wirkt Wunder.

Und plötzlich bist du immer genau da, wo du sein solltest

Es gibt einen total wirkungsvollen Satz. Diesen Satz solltest du dir möglichst 3-mal am Tag sagen, und zwar: jeden Morgen, jeden Mittag und jeden Abend.
Dieser Satz lautet: **Ich bin immer zur richtigen Zeit am richtigen Ort.**

Verinnerliche diesen Satz. Mache diesen Satz zu einem Teil von dir. Lege ihn wie einen Mantel um dich. Weißt du, was dann passiert? Dein Unterbewusstsein wird dafür sorgen, dass du wirklich immer zur richtigen Zeit am richtigen Ort bist. Du wirst bemerken, dass dir ab jetzt viel öfter Glücksfälle passieren, weil du ganz »zufällig« immer genau da bist, wo du sein solltest – eben zur richtigen Zeit am richtigen Ort. Dieser Satz wird dein Leben verändern.

Trick: *Sage dir 3-mal am Tag den Satz "Ich bin immer zur richtigen Zeit am richtigen Ort" vor. Dann wird dein Unterbewusstsein dich immer dahin führen, wo du genau zu dem Zeitpunkt sein solltest.*

P. S.: »Ich bin immer zur richtigen Zeit am richtigen Ort« führt dich zum Glück und beschützt dich gleichzeitig. Dein Unterbewusstsein wird durch diesen Satz immer verhindern, dass du an falschen Orten bist.

Tipp: Erzähle deiner Familie und deinen Freunden davon – allen, die dir wichtig sind.

LIFEHACK 36

Die vielleicht beste Investition in deine Zukunft

Jetzt visualisieren wir mal ein bisschen ... Beim Visualisieren stellen wir uns den gewünschten Endzustand vor. Entscheidend hierbei ist, dass wir uns NUR den Endzustand vorstellen. Denke nicht darüber nach, WIE du ans Ziel kommst. Denn oft kommt die Erfüllung auf einem ganz anderen Weg, als wir meinen, ehrlich gesagt fast immer sogar.

Nehmen wir ein Beispiel: Du möchtest eine tolle, großzügige Wohnung. Stell dir nun ausschließlich vor, wie du bereits in dieser Wohnung lebst, also den gewünschten Endzustand. Überlege beim Visualisieren NICHT, auf welchem Weg du diese Wohnung bekommen könntest. Unsere Vorstellungskraft ist diesbezüglich oft zu beschränkt.
Wir haben vielleicht die Vorstellung, dass wir die Wohnung online finden müssten. Stimmt ja auch oft, aber in unserem Fall ist es vielleicht so, dass wir »zufällig« jemanden treffen, der jemanden kennt, der genau diese Wohnung gerade zur richtigen Zeit zu genau dem richtigen Preis verkaufen/vermieten möchte.

Den Endzustand solltest du dir hingegen aber so präzise wie möglich vorstellen: Beschreibe diese Wohnung mal genau: Wie fühlst du dich darin, was machst du, wie ist sie eingerichtet, was sagen deine Freunde zu ihr, wie ist der Balkon oder ist es eine Dachterrasse ...? Beteilige beim Visualisieren so viele Sinne wie möglich. Das A und O ist das Fühlen. Je intensiver du fühlst, umso näher kommst du der Erfüllung.

Trick: Visualisiere täglich 5 bis 10 Minuten die von dir gewünschte Erfüllung. Bleibe entspannt und stell dir NUR den gewünschten Endzustand vor, nicht den Weg dorthin. Das ist die vielleicht beste Investition in deine Zukunft.

Genau das machen übrigens fast alle erfolgreichen Menschen. Es ist absolut wirkungsvoll.

Achtung: Irdisch!

Mögliches bisheriges **Hindernis** für eine schnelle Verwirklichung:

Du visualisierst in die falsche Richtung.
Du stellst dir vor, was alles passieren könnte,
was schieflaufen könnte etc.
Du überlegst, WIE du etwas erreichen kannst.

UNIVERSUMSTRICK:

Richte deine Vorstellungskraft auf die Erfüllung deines Wunsches. Stell dir den Zustand der Erfüllung mit all deinen Sinnen vor, immer und immer wieder.
Wie fühlst du dich, wenn dein Wunsch wahr geworden ist?
Stell dir nur den Endzustand vor – nicht den Weg dorthin.
Genau damit ziehst du die Erfüllung schneller an.

Wir sind wie Magneten

Während wir visualisieren, sollten wir uns zusätzlich gleichzeitig vorstellen, wir seien ein Magnet. Sind wir ja auch, denn durch unsere lebendige, positive Vorstellung ziehen wir eine Erfüllung magnetisch an.

Unsere Visualisierung wirkt tatsächlich wie ein Magnet, jedes mal wieder aufs Neue. In dem Moment, in dem wir die Erfüllung aussenden, ziehen wir, genau wie ein Magnet, die Erfüllung an. Echte Konzentration bündelt deine Energie und beschleunigt die Erfüllung. Echte Konzentration wirkt stark.

Wenn wir glücklich sind, dann sind wir voll magnetisiert. Je glücklicher du bist, umso magnetischer wirst du. Je glücklicher du bist, umso glücklicher wirst du.

Fühle, dass du ein Magnet für die Erfüllung bist.

Trick: *Sage dir immer wieder: "Ich bin ein Magnet für das Glück. Ich bin ein Glücksmagnet. Ich ziehe die Erfüllung magnetisch an." Setze bei jeder Visualisierung zusätzlich deine magnetischen Fähigkeiten ein.*

Fühle mal, wie dein Körper bei dem Satz reagiert: »Ich bin ein Glücksmagnet.« Du kannst in dem Moment körperlich spüren, wie sich dein Schwingungsfeld ändert – wie du damit deine Erfüllung anziehst. Fühlst du das auch?

Tipp: Wir alle sind Magneten. Mal mehr, mal weniger. Alles, was wir intensiv fühlen, ziehen wir magnetisch an: Wenn wir glücklich sind, ziehen wir noch mehr Glück magnetisch an. Wenn wir sorgenvoll sind, ziehen wir noch mehr Sorgen magnetisch an.

Achtung: Irdisch!

Mögliches bisheriges **Hindernis**:

Du bist ein Magnet und ziehst unbewusst
ununterbrochen Dinge an.
Wenn deine Schwingung niedrig ist,
ziehst du, völlig unbewusst, niedrig schwingende Dinge an.

UNIVERSUMSTRICK:

Verinnerliche, dass du ein Magnet bist
– und zwar 24 Stunden am Tag, 24/7.
Bedenke also immer:
Was möchte ich anziehen?
Was soll mein Magnet anziehen?

Ein schöner Satz:

»Ich bin ein Glücksmagnet.«

»Ich bin ein Erfüllungsmagnet.«

Gedanken haben magische Kräfte

Das weißt du ja längst, aber jetzt nur noch mal zur Auffrischung: Gute Gedanken werden gute Dinge in Gang setzen. Negative Gedanken werden negative Dinge aktivieren. Negative Gedanken, egal welcher Art, vermasseln dir deine Zukunft.

Auch wenn es am Anfang schwerfällt: Ersetze jeden negativen Gedanken möglichst sofort durch einen positiven. Sobald du dich dabei erwischst, dass du denkst: »Das schaffe ich nicht«, ersetze diesen Gedanken sofort mit: »Das gelingt mir leicht und mühelos.« Sobald du dich dabei erwischst, wie du sagst: »Ich bin zu dick, zu alt, zu … «, ersetze diesen Gedanken mit: »Ich bin wunderbar, so wie ich bin.« Das sind wir auch und zwar alle. Und zwar genau so, wie wir jetzt gerade sind. Mit Kurven, Polstern, Falten und was auch immer. Ersetze auch den Gedanken »Ich habe nicht genug Geld« bitte sofort mit: »Für mich wird gesorgt, immer und überall.«

Trick: *Jedes Mal, wenn du dich bei destruktiven Gedanken erwischst, den Gedanken sofort ins Gegenteil umwandeln. Gedanken umwandeln – das bewirkt Wunder. Denn negative Gedanken vermasseln uns unsere Zukunft.*

Welche deiner Gedanken könnten deine Zukunft vermasseln? Gibt es da welche? (Klar gibt es welche, wer hat die nicht …)

Echte Menschen machen die Welt schön.

Achtung: Weit verbreitet!

Mögliches bisheriges **Hindernis**:

Ich bin zu dick.

Ich bin zu alt.

Ich bin zu jung.

Ich bin zu ...

Jeder hat etwas in seinem Inneren.

Spüre das auf.

Dein *altes Ich* kritisiert immer.

Negative Glaubensmuster vermasseln unsere Zukunft.

TRICK:

Ich bin wunderbar – auch mit Kurven, Falten und Schwächen. Ich mache diesen oberflächlichen Wahn nicht länger mit. Die Welt wäre armselig, wenn es nur Barbies gäbe.
Echte Menschen machen die Welt schön.

TIPP:

Dein *neues Ich* weiß,
dass du toll bist.
Trau dich, das zuzugeben.

Out – dem Schönheitsideal hinterherlaufen.
In – die Seele zum Strahlen bringen.

Ein magisches Gesetz

Weißt du, was wirklich ziemlich schwer zu meistern ist? Die Tatsache, dass Mangel Mangel anzieht. Das ist teuflisch und die Bedeutung ist weitreichend: Das heißt, ein leeres Portemonnaie zieht kein Geld an. Ein einsames Herz zieht keine Liebe an. Und so weiter.

Es gibt nur eine Lösung: Wir müssen Fülle empfinden. Nur Fülle zieht Fülle an!! Wenn wir uns unsere Wünsche erfüllen wollen, dann klappt das nur aus dem Gefühl der Fülle heraus.

Tipp: Lasse immer etwas Geld in deinem Portemonnaie, damit du Fülle fühlst. Fühle in Gedanken die neue, tiefe Liebe, so dass du Fülle empfindest.

In welchem Bereich geht dein Empfinden eher in Richtung Mangel? Schau dir das genau an. Und dann ändere das sofort in deinem Kopf – empfinde Fülle, auch wenn sie noch nicht da ist. Egal, was du bekommen oder erreichen möchtest – es funktioniert nur aus dem Gefühl der Fülle heraus!

Trick: *Empfinde Fülle sooft es geht, auch wenn sie noch nicht da ist. Nur Füllegefühle führen uns zur Erfüllung unserer Wünsche.*

Für Mangelgefühle haben wir keine Zeit.

Das ist das vielleicht magischste Gesetz von allen: Nur Fülle zieht Fülle an.

Auf einer Skala von 1 bis 10 – wie sind deine echten Gefühle?

Mangel — Fülle

1 2 3 4 5 6 7 8 9 10

Wie wohlhabend fühlst du dich?

Wie glücklich fühlst du dich?

Wie geliebt fühlst du dich?

Wie erfolgreich fühlst du dich?

Wie ...

In den Bereichen, die unter dem Wert 8 liegen, müssen wir nachbessern. Denn wahrscheinlich sind es auch diese Bereiche, in denen du dir eine Veränderung bzw. Verbesserung wünschst.

Zuerst musst du innerlich diese Veränderung herbeiführen. Wenn du innerlich schon Fülle fühlst, dann wird sich das auch bald im Außen zeigen. Nehmen wir unser Geldbeispiel: Wenn du bemerkst, dass du bei der Frage »Wie wohlhabend fühlst du dich?« einen Wert von 2 oder 3 angekreuzt hast, dann weißt du jetzt: Stopp! Hier muss ich ansetzen. Stell dir die Frage: Was kann ich tun, um mich wohlhabend zu fühlen? Auch wenn es im Moment noch nicht so ist. Du musst dich zuerst innerlich auf einen Wert von 8 bis 10 einschwingen.

Tipp, um ein Reichtumsgefühl zu erzeugen: Stell dir vor, du badest wie Dagobert Duck im Geld. Oder stell dir vor, wie Geld über dich geschüttet wird. Stell dir das ganz intensiv vor.

Und dann schau dir die Skala an und antworte noch einmal auf die Frage. Wetten, dein Wert hat sich schon erhöht?

Achtung: Irdisch!

Mögliches bisheriges **Hindernis:**

Wir tauchen ein in Mangelgefühle, wie
Geldsorgen, Einsamkeit etc.,
und suhlen uns gedanklich darin.
Gefährlich!
Denn Mangelgedanken ziehen noch mehr
Mangel an.

LÖSUNG UND TRICK:

Du musst Fülle empfinden.
Auch wenn du gerade das Gegenteil
empfindest.
Stell dir die Fülle vor – auch in
Mangelsituationen.

DIE ERFÜLLUNGSKUNST IST:

Auch in scheinbaren Mangelsituationen
Fülle empfinden.
Nur Fülle zieht Fülle an.
Das ist alternativlos.

Die sich selbsterfüllende Prophezeiung

Schau dir mal dein Kopfkino näher an ... Du kennst sie ja bestimmt auch: die self-fulfilling prophecy – die sich selbsterfüllende Prophezeiung. Beantworte dir zuerst einmal folgende Frage: Konzentrierst du dich auf die Erfüllung deiner Träume, oder machst du dir ehrlich gesagt eher Sorgen? Sei vorsichtig mit dem Sorgen, sonst ziehst du die Sorgen regelrecht an. Denk immer an die »sich selbsterfüllende Prophezeiung«.

Stell dir in deinem Film vor, wie dein Traumleben aussieht. Und ab jetzt lässt du diesen Film ständig in deinem Kopfkino laufen. Und irgendwann wirst du staunen, dass es genauso gekommen ist. Das ist die sich selbsterfüllende Prophezeiung.

Aber Vorsicht! Die sich selbsterfüllende Prophezeiung funktioniert in beide Richtungen – in die positive und leider auch in die negative. Das bedeutet, wenn wir uns Negatives prophezeien, dann wird auch das wahr werden.

Tipp: Benutzen wir die sich selbsterfüllende Prophezeiung für unsere Wünsche. Prophezeien wir uns selbst die Erfüllung unserer Wünsche! Denn ... was wir uns prophezeien, wird wahr werden. Wir sind Propheten.

Nutzen wir die sich selbsterfüllende Prophezeiung gnadenlos für unsere Zwecke. Wir wären ja dumm, wenn wir die sich selbsterfüllende Prophezeiung in die falsche Richtung nutzen würden. Wir prophezeien uns die Erfüllung unserer Wünsche.

Und du? Was genau prophezeist du dir?

Achtung: Irdisch!
Mögliches bisheriges **Hindernis:**
Wir prophezeien uns meistens Schlechtes und setzen damit unbewusst einen schlechten Prozess in Gang.

UNIVERSUMSTRICK:

Nutze die unglaubliche Kraft der sich selbsterfüllenden Prophezeiung gnadenlos für deine Zwecke aus. Prophezeie dir die Erfüllung – die Verwirklichung – deines Herzenswunsches.

Hast du auch manchmal Angst?

Es gibt ja ganz unterschiedliche Sorten von Angst. Ich meine hier nicht die gesunde Angst, zum Beispiel die Angst, in fremden Gewässern zu ertrinken – diese Angst schützt uns. Ich meine die oft unbegründete, irrationale Angst. Die meisten Ängste schaden dir! Angst vor Krankheit, vor einem Unfall, vor ... Du weißt, welche Angst ich meine. Diese Ängste haben wir aus dem Kollektiv unbewusst übernommen. Aber Vorsicht: Diese Gefühle sind extrem intensiv und wirken wie ein Magnet: Angst zieht genau das an, was du ja nicht erfahren möchtest.

Jeder schleppt irgendwelche irrationalen Ängste mit sich rum. Also, wovor hast du Angst? Werde dir genau bewusst, wovor du Angst hast – das ist der erste Schritt, um sie aufzulösen. Unbegründete Ängste vermasseln uns unsere Zukunft.

Ein typisches Beispiel für eine irrationale Angst ist z. B., wenn du dich nicht traust, vor einer Gruppe Menschen zu sprechen. Wenn du dich nicht trauen würdest vor einer hungrigen Meute Löwen zu sprechen – okay. Vielleicht besser so, aber vor einer Gruppe Menschen? Wovor genau hast du da eigentlich Angst? Angst, dass du den Zuhörern nicht gefällst, Angst, dass sie nicht mögen, was du sagst? Angst vor ... Wovor hast du Angst?

Schau dir deine Angst genauer an und erkenne, was hinter ihr steckt. Und dann wandle sie um:

Aus der Angst, vor Publikum zu sprechen, wird der Satz: »Ich bin toll vorbereitet und ich begeistere mein Publikum. Das Publikum liebt mich. Und ich liebe das Publikum.«

Die Angst vor Krankheit kannst du umwandeln, indem du diesen Satz sagst: »Ich bin gesund und kraftvoll.«

Das Angstgefühl »Ich habe Angst, meinen Job zu verlieren« wandelst du um, indem du sagst: »Ich habe eine gut bezahlte und erfüllende Arbeit.«

Trick: *Wenn irrationale Ängste kommen, dann wandle sie um.*

Wir müssen die Angst überwinden, dann wird sich alles Weitere finden.

Du brauchst keine Angst zu haben, außer vielleicht vor deinen Ängsten. Denn Angst frisst unsere Wunscherfüllung auf. Irrationale kollektive

Ängste vermasseln uns die Wunscherfüllung. In der Zeit, in der wir uns ängstigen, entfernen wir uns immer weiter von der Erfüllung.

Irdische Ängste!

Mögliches bisheriges **Hindernis**

Wir alle haben irrationale und unbegründete Ängste in uns.
Spüre sie unbedingt auf. Denn Ängste ziehen Ängste an und entfernen dich von der Erfüllung.
Ängste senken deine Energie enorm.
Angstenergie zieht keine Erfüllung an. Um die Erfüllung anzuziehen, brauchst du eine hohe, leichte Energie.

UNIVERSUMSTRICK:

Du brauchst keine Angst zu haben.
Du wirst beschützt und auch geführt.
Bleibe im Vertrauen – im 100-prozentigen Vertrauen.
Dein Wunsch wird sich erfüllen.
Du sollst deinen Wunsch leben – sonst hättest du ihn gar nicht.
Dein Wunsch + dein Vertrauen in die Erfüllung = JA.

Vertrauen ist das Allheilmittel.
100 Prozent Vertrauen ist der Schlüssel.

LIFEHACK 42

Gelassenheit

Manchmal können die Wellen des Alltags schon etwas höher schlagen. Wer kennt das nicht? Aber wenn wir Wurzeln haben, kann uns so schnell nichts umwerfen. Eine der besten Wurzeln, die ich kenne, ist die Gelassenheit.

Bleib gelassen, dann kann dich nichts umwerfen. Nicht immer ganz einfach, zugegeben – aber, wie sagt Gurudschi, der weise Inder, immer: »Einfach kann jeder. Das hier ist etwas Besonderes.« Also genau richtig für dich und mich.

Wir alle entscheiden in jeder Situation, ob wir uns aufregen oder nicht, auch wenn wir denken, in bestimmten Situationen hätten wir keine andere Wahl, als uns aufzuregen. Jeder von uns hat immer die Wahl, ob er sich aufregt oder nicht. Du hast immer die Wahl.

Entscheide dich immer für Gelassenheit!

Ich weiß, was du jetzt denkst: ›Theoretisch ist das alles leicht, aber im irdischen Leben ist es oft ziemlich schwer, gelassen zu bleiben.‹ Versuch es trotzdem, denn in Wirklichkeit ändert sich ja nichts, wenn du dich aufregst, außer dass DU dich aufregst. Zugegeben: Ich trainiere auch noch – immer öfter klappt es, manchmal aber leider auch noch nicht. Aber es ist ja auch noch kein Meister vom Himmel gefallen.

Trick: *Sei egoistisch und bleib gelassen. Gelassenheit, das ist der Trick. Wenn wir aufgeregt sind, dann entfernen wir uns von der Erfüllung unseres*

Wunsches. Aus der Aufregung entsteht nichts Konstruktives. Aus der Gelassenheit hingegen werden Wünsche erfüllt.

Kleines Übungsspiel: Alles an einem Tag, ein wunderbarer Tag zum Üben ... Du erfährst, dass deine Freundin fiese Lügen über dich verbreitet und versucht, dich zu diffamieren, deine Waschmaschine geht kaputt und das Bad steht unter Wasser, ein wichtiger Auftrag platzt, dein Internet geht nicht ...

Auf unserer Skala von 1 bis 10: Wie sehr regst du dich auf?

Gelassenheit — Aufregung

1 2 3 4 5 6 7 8 9 10

Alleine wenn ich mir das alles vorstelle, bin ich schon bei einem Wert von 9 bis 10. Wie gesagt, ich übe auch noch. Und bei welchem Wert bist du gelandet?

Der Gefühlszustand 7 bis 10 schadet uns allerdings. Den sollten wir vermeiden. Stattdessen sollten wir versuchen, nie über den Wert 5 hinauszukommen – was immer der Alltag auch für »Überraschungen« bereithält. Was auch immer geschieht, versuche, den Wert 5 nie zu überschreiten. Denn je gelassener wir sind, umso stabiler stehen wir im Leben.

Achtung: Typisch Irdisch!

Mögliches bisheriges **Hindernis:**

Wir regen uns fast täglich über alles Mögliche auf.

Aber Vorsicht: Aufregung senkt dein Energielevel und entfernt dich von der Erfüllung.

Jede Aufregung ist ein Schritt zurück.

UNIVERSUMSTRICK:

Zugegeben, das hier ist für Fortgeschrittene:
Entscheide dich IMMER für die Gelassenheit.
Gelassenheit ist ein wunderbarer Ratgeber.
Aus der Gelassenheit erfüllen sich Wünsche.

LIFEHACK 43

Lotoseffekt

Um positiv und gelassen zu bleiben, eignet sich hervorragend der sogenannte Lotoseffekt: Du kennst ja Lotosblumen – aber weißt du, was das Besondere an der Lotosblume ist? Das Besondere ist, dass die Blätter der Lotosblume das Wasser abperlen lassen.

Und genau das können wir uns von der Lotosblume abgucken: Lassen wir alles Unschöne – negative Gespräche und einfach jede Form von negativem Input – an uns abperlen. So wie das Wasser an den Blättern der Lotosblüte abperlt. Stell dir das mal bildlich vor – dann klappt das leichter.

Trick: Lernen von der Lotosblume. Sobald du negativem Input begegnest, also ziemlich oft – denn der lauert hinter jeder Ecke, auf dem Handy, im Fernsehen, in Gesprächen etc. –, sage dir sofort: "Ich bin eine Lotosblume – jeder negative Input perlt an mir ab wie das Wasser an den Blättern der Lotosblume."

LIFEHACK 44

Reifeprozesse

»Es dauert so lange, wie es dauern muss«, hat schon Buddha gesagt. Doch eine Eigenschaft, die wir inzwischen fast alle kultiviert haben, ist unsere Ungeduld. Wir können es meistens gar nicht abwarten – egal, was es ist. Alles muss möglichst schnell geschehen. Das kommt auch dadurch, dass unsere Zeit immer schnelllebiger geworden ist.

Aber alles unterliegt gewissen Reifeprozessen: Ein Mondzyklus dauert ca. 28 Tage, ein Baby wächst neun Monate im Bauch der Mutter heran, das Obst am Baum benötigt eine bestimmte Zeit, um zu reifen … Alles geschieht, wenn die Zeit reif ist. Nicht vorher und nicht nachher. Das beschleunigt auch unsere Ungeduld nicht.

Den Dingen die nötige Zeit zu lassen, ohne unsicher zu werden, das ist die Kunst. Alles braucht eben so lange, wie es braucht. Auch deine Dinge. Wenn die Erfüllung deines Wunsches reif ist, fällt sie dir wie ein reifer Apfel in deine Hand. »Ent-spanne« dich in der Zwischenzeit und lasse geschehen. Alles geschieht, wenn es geschehen soll.

Es gibt ein schönes chinesisches Sprichwort: »Du kannst so lange am Gras zupfen, wie du willst, es wird nicht schneller wachsen.«

Trick: *Gib den Dingen die nötige Zeit. Gib der Erfüllung deines Wunsches den nötigen Reifeprozess – ohne auch nur eine Sekunde unsicher zu werden und zu zweifeln. Wenn die Zeit reif ist, fällt die Erfüllung deines Wunsches in deine Hände.*

Tipp: Zügeln wir unsere Ungeduld und genießen wir lieber die Zeit und unser Leben, bis sich die Dinge entwickelt haben.

Achtung: Irdisch!

Mögliches bisheriges **Hindernis:**

Unsere Ungeduld! – Nach dem Motto: Gib mir Geduld – sofort!
Wenn sich unser Wunsch nicht schnell genug erfüllt, werden wir Opfer unserer Ungeduld und beginnen schnell, an der Erfüllung zu zweifeln.
Ungeduld entfernt uns aber vom Vertrauen und der Erfüllung.
Ungeduld macht alles kaputt.

UNIVERSUMSTRICK:

Altes kosmisches Wissen:
Alles geschieht, wenn die Zeit dafür reif ist.
Nicht vorher und nicht nachher.
Verinnerliche diese Weisheit.

Stell dir vor, dein Wunsch wäre ein kleiner Apfel an einem Apfelbaum. Du möchtest, dass dein Wunsch(-Apfel) jetzt in deine Hände fällt. Er ist aber noch nicht ganz reif. Du wirst ungeduldig und gehst weg. Schade, denn einen Tag später ist der Apfel reif und du hättest ihn pflücken können.
Lassen wir den Dingen die Zeit, die sie brauchen.
Auch unseren Wünschen.

Einen Apfel kannst du erst essen, wenn er reif ist – vorher schmeckt er nicht.
Ein Baby wird geboren, wenn es vollständig entwickelt ist – vorher ist es nicht lebensfähig.
Auch die Erfüllung unseres Wunsches muss lebensfähig sein.

LIFEHACK 45

Leben im Jetzt und nicht in der Vergangenheit

Oft erwischen wir uns dabei, dass wir uns gedanklich im Gestern aufhalten. Manchmal in einem schönen Gestern, oft aber auch in einem problematischen Gestern. Das ist nicht gut. Das Gestern, das war einmal, und es entfernt uns von der Erfüllung unserer Wünsche.

Die Vergangenheit kann uns gefangen halten. Damit haben wir sicher alle schon unsere Erfahrungen gemacht. Es gibt Situationen in unserem Gestern, an denen haben wir oft lange zu knabbern, das kann eine Scheidung sein, ein Verrat, kalte Eltern, ein Jobverlust, eine Fehlgeburt, ein plötzlicher Todesfall oder auch andere kleinere, aber einschneidende Erlebnisse.

Natürlich müssen diese Geschehnisse verarbeitet werden, aber ... wir müssen lernen, uns von unserer Vergangenheit, vom Gestern, zu lösen. Wenn wir uns zu sehr mit unserem Gestern beschäftigen, bleiben wir am Gestern haften bzw. die Vergangenheit an uns. In der Zeit, in der wir uns aber gedanklich im Gestern aufhalten, können wir nicht unsere wunderschöne Zukunft gestalten. Die Erfüllung unserer Wünsche liegt nun mal in der nahen Zukunft und nicht im Gestern.

Wir schleppen die Vergangenheit mit uns herum wie ein schweres Gepäckstück. Lassen wir sie los und schicken wir sie dahin, wo sie hingehört: in die Vergangenheit.

Trick: *Schau nicht zurück – da siehst du nur die Schatten deiner Vergangenheit. Vergangen ist vergangen. Die Wunscherfüllung liegt in der anderen Richtung. Schau nach vorne, da wartet die Erfüllung deiner Wünsche auf dich. Lebe im Jetzt – nur im Jetzt kannst du gestalten.*

Achtung: Falle!

Mögliches bisheriges **Hindernis:**

Du lässt dich zu sehr von der Vergangenheit beeinflussen.

Dinge, die in der Vergangenheit geschehen sind, haben immer noch großen Einfluss auf dein Jetzt.

Vorsicht: Das hält dich von der Erfüllung ab. Die Vergangenheit raubt uns häufig sehr viel Energie.

UNIVERSUMSTRICK:

Schicke deine Gedanken in die Zukunft und verschwende sie nicht an deine Vergangenheit.

LIFEHACK 46

Vergleichen entfernt dich von der Erfüllung. Oder: Ich mag mich

Dieses irdische Spiel – das ewige Urteilen, Bewerten, Vergleichen unter den Menschen – ist im höchsten Maße kontraproduktiv. Wir wissen das, und trotzdem fallen wir immer wieder darauf rein.

Sobald wir urteilen, »ver-urteilen« wir in den meisten Fällen. Das ist kleingeistig. Großgeistig ist: Jedem zuzugestehen, so zu sein, wie er eben ist. Und großgeistig wäre es auch, jeder würde uns, dir und mir, das Gleiche zugestehen.

Vergleiche dich nicht mit anderen,
damit du nicht Gottes Plan durcheinanderbringst.

(B. S. Tor)

Vergleichen ist unnötig, denn du wurdest nicht geboren, um jemand anders zu sein. Du wurdest geboren, um du zu sein – genau so wie du jetzt bist. Stell dir mal vor, eine Rose im Garten würde die ganze Zeit nach den anderen Blumen schauen und sagen: »Hm, eigentlich wäre ich lieber eine Tulpe oder eine Geranie.« Aber die Rose blüht einfach und schenkt der Welt Freude – genau wie du.

Wenn du dich annimmst, so wie du jetzt bist, öffnest du die Tür zu deiner Wunscherfüllung, zu dem Wunsch, der genau zu dir passt. Du, genau so wie du bist, und die Erfüllung deines Wunsches – das gehört zusammen.

Trick: *Beende alle Vergleiche. Sofort! Denn jedes Vergleichen und Bewerten lenkt dich in die falsche Richtung. Jedes Mal, wenn du dich vergleichst, entfernst du dich von der Erfüllung deines Wunsches. Nimm dich an, genau so, wie du bist, und nimm auch die anderen so, wie sie sind.*

Sich selbst annehmen, egal wie dick, dünn, groß, klein, schön, nicht so schön, ist ein Türöffner zur Erfüllung. Wenn du etwas an dir ablehnst, willst du es ändern und bekämpfen – und du befindest dich im Kampfmodus. Ablehnung und Kampf entfernen dich aber von der Wunscherfüllung.

Trick: *Umarme dich mal selbst und sage dir, dass du dich magst. Sich selbst zu mögen und anzunehmen, das ist ein absoluter Erfüllungsbeschleuniger.*

Achtung: Falle!
Mögliches bisheriges **Hindernis:**
Von morgens bis abends befinden wir uns, ganz unbewusst, im Vergleichsmodus. Wie bin ich, wie wirke ich, wie ...
Vorsicht:
Jedes Vergleichen schwächt deine Energie.
Jedes Vergleichen entfernt dich von der Erfüllung.

UNIVERSUMSTRICK:

Lenke deine Aufmerksamkeit bewusst weg vom Vergleichen – und hin zum Zustand der Erfüllung. Du solltest deine Aufmerksamkeit auf die Erfüllungsenergie lenken.
Vergleichen ist etwas für unsichere Opfer.
Wir sind Erfüller und Gestalter.

Das Glück in deinen Händen ... und es dauert nur 1 Minute

Schließe jeden Tag für eine Minute die Augen, strecke die Hände vor dir aus (mit nach oben geöffneten Handflächen) und fühle, wie du mit deinen Händen die Erfüllung deines Wunsches empfängst. Durch diese Handlung aktivierst du eine ungeheure Empfangsenergie.
In der Sekunde, in der du deine Handflächen öffnest, öffnest du dich selbst. Du sendest damit aus: Ich empfange die Erfüllung meines Wunsches. Und wenn du das aussendest, wirst du es auch tatsächlich empfangen.

Trick: *Hände mit den geöffneten Handflächen vor den Körper halten und in den Empfangsmodus schalten.*

Dieser Trick ist ein Wunscherfüllungbeschleuniger vom anderen Stern. Wo immer du jetzt gerade bist, öffne deine Handflächen und fühle diese unglaubliche Energie. Das Leben darf jetzt seine Wunder in deine Hände legen.

In allen Kulturen sind geöffnete Hände ein Symbol des Empfangens. Nutzen wir das! Manches kann so einfach sein.

LIFEHACK 48

Achte auf das Nichtgesagte

Unausgesprochenes hat eine große Macht. Wir glauben, nur Worte könnten wie Messer sein. Aber auch »Nicht-Worte«, also das Nichtgesagte, aber Empfundene, haben eine große Wirkung.

Sobald wir schlecht über einen Menschen denken, schwächen wir ihn. Wenn wir positiv über ihn denken, stärken wir ihn. Das Gleiche gilt aber auch umgekehrt. Denkt jemand schlecht über dich, dann schwächt er dich, denkt er gut über dich, dann stärkt er dich. Wir nehmen die Gefühle und Emotionen unserer Umwelt auf telepathischen Weg wahr. Das bedeutet, dass auch jemand, der nichts Negatives ausspricht, es aber denkt, deine Energie schwächt.

Nimm deine Umwelt mal genauer unter die Lupe – das ist interessant. Da sind immer auch Menschen, die nicht so gut über dich denken. Achte darauf, mit welchen Menschen du dich umgibst. Achte darauf, was sie wirklich von dir denken.

Negative Schwingungen schwächen uns unbewusst und entfernen uns von der Erfüllung unserer Wünsche. Menschen, die nicht so gut über uns denken, sind Bremsen. Sie bremsen uns unbewusst aus und verhindern so, dass wir unseren Wunsch erreichen.

Trick: *Achte darauf, was die Menschen in deinem Umfeld wirklich von dir denken. Und umgib dich möglichst oft mit Menschen, die dich auch ohne Worte in Richtung Wunscherfüllung tragen.*

Gedankenliste:

Denkt gut über mich	Denkt nicht wirklich gut über mich

Du weißt, was du zu tun hast.

Achtung: Tückische Falle!

Mögliches bisheriges **Hindernis:**

Du fühlst dich geschwächt oder nicht so gut – weißt aber nicht warum? Schau dir mal deine Umwelt an und achte auf das Nichtgesagte. Negative Schwingungen, auch von anderen, schwächen uns und entfernen uns von der Erfüllung.

UNIVERSUMSTRICK:

Achte darauf, dass deine Schwingung positiv bleibt. Beginnst du, dich ungut zu fühlen, schau sofort, woran das liegt. Ein ungutes Gefühl hat immer eine Ursache. Manchmal liegt diese auch im Nichtgesagten. Feinfühlige Menschen spüren so etwas.

Das Leben ist ein Bumerang

Wunscherfüllungserinnerung: Alles, was du denkst, kehrt in irgendeiner Form zu dir zurück. Das sollte dir stets klar sein. Bei allem, was du tust oder denkst, frage dich immer: Will ich, dass das zu mir zurückkommt? Willst du das? Willst du das wirklich?

Wenn du nach diesem Motto lebst, öffnest du ungeahnte Türen. Wenn du nur noch Dinge tust und denkst, die du auch zurückbekommen willst, dann setzt du eine wunderbare Energie frei.

Trick: *Denke nur Gedanken, deren Verwirklichung du möchtest: Der Bumerangtrick ist ein Türaufreißer zur Erfüllung.*

Übrigens: Das Gleiche gilt auch für andere: Was ein anderer tut, kehrt zu ihm zurück. Also wenn jemand etwas tut, was in deinen Augen nicht gut ist, ärgere dich nicht. Der andere schadet nur sich selbst. Er wird es zurückbekommen.

Ent-täuschung

Weißt du, was eine Enttäuschung ist? Sie ist nichts anderes als das Ende einer Täuschung! Jemand hat dich »ent-täuscht«? Dann ist es in Wahrheit so: Du hast dich in jemandem oder in etwas getäuscht. Du hast etwas gesehen, was du sehen wolltest. Das war aber in Wirklichkeit gar nicht da. Und das ist nun zu Ende – jetzt siehst du wieder klar.

Auch wenn dir diese Enttäuschung trotzdem wehtut, lass nicht zu, dass eine »Ent-täuschung« dich von der Erfüllung deiner Wünsche abhält. Lass nicht zu, dass eine »Ent-täuschung« dich runterzieht.

Trick: Betrachte es als das, was es ist: das Ende einer Täuschung. Du hast dich getäuscht und das ist jetzt zu Ende. Jetzt siehst du wieder klar und deutlich.

Menschen, die dich enttäuschen: Je eher sie sich zu erkennen geben, umso besser. Aber es gibt auch Menschen, in denen du dich nicht täuschst. Es gibt Menschen, die sind genauso wertvoll, wie du denkst. Konzentriere deine Energie auf diese Menschen. Genau diese Menschen sind es, die dich auf deinem Wunscherfüllungsweg unterstützen.

Lass nicht zu, dass eine Enttäuschung dich von der Erfüllung deiner Wünsche abhält. Versprochen? Weißt du, was wir jetzt machen: Wir alle legen unsere »Ent-täuschungen« jetzt zusammen und fackeln sie ab. Weg damit.

Das Ende einer Täuschung

Achtung!

Mögliche bisherige **Hindernisse:**

Wir alle haben ein Bündel Ent-täuschungen im Rucksack unseres Lebens. Oft fühlen wir uns als Opfer von ihnen.

Ent-täuschungsgefühle sind mit die größten Energiekiller. Jedes einzelne Gefühl des Enttäuscht-worden-Seins schwächt uns und senkt unsere Energie.

Vorsicht:

Enttäuschungsgefühle halten uns von der Erfüllung unserer Wünsche fern.

Diese Gefühle ziehen dich runter und machen dich schwer.

Lass das nicht zu.

ERKENNTNISTRICK:

Die Erkenntnis: Eine Ent-täuschung ist nur das Ende einer Täuschung. Du hast etwas gesehen, das es so nicht gab.

Verbrennen wir sie – weg damit.

Wir wollen frei sein und frei für die Erfüllung.

Namasti Kunari

Jeder hat sie schon gehabt: Rachepläne. Aber ... machen wir uns nicht die Hände schmutzig und überlassen wir dem Schicksal die Sache mit der ausgleichenden Gerechtigkeit.

Namasti Kunari: Das Schicksal wird für Gerechtigkeit sorgen, das ist sicher.

Löse dich von allen eventuellen Rachegefühlen – auch wenn sie oft absolut nachvollziehbar sind. Rachegefühle, auch klitzekleine, halten uns in der negativen Energie gefangen. Sie bauen sich wie eine Mauer vor dir auf. In dem Moment, in dem sich diese Gefühle bei dir einschleichen, drücke sofort gedanklich die Stopptaste und sage dir: Namasti Kunari.

Trick: *Namasti Kunari. Verbanne alle Rachegefühle aus deinem Inneren, auch die ganz heimlichen. Sei sicher: Das Schicksal wird für Gerechtigkeit sorgen. Jede Sekunde, die du mit Rachegefühlen verschwendest, ist unnötig und entfernt dich aus deiner Mitte.*

Das Schicksal wird für Gerechtigkeit sorgen – auch in der Angelegenheit, in der dir Unrecht widerfahren ist. Übergib die Regelung deiner Angelegenheit jetzt dem Schicksal und dreh dich wieder der Sonne zu.

Achtung: Irdisch!

Mögliches bisheriges **Hindernis**:

In der Zeit, in der wir uns Rachegefühlen hingeben, können wir unsere Energie nicht auf die Wunscherfüllung richten.

Rachegedanken richten sich immer nur gegen uns selbst.

UNIVERSUMSTRICK:

Das Leben sorgt für Gerechtigkeit.

Mal schneller, mal langsamer – aber es kümmert sich darum.

DU brauchst nichts zu tun – überlassen wir diese Dinge dem Leben und dem Universum.

Namasti Kunari

Die Zögerfalle

Weißt du, was 70 Prozent der Menschen daran hindert, ihre Wünsche zu erfüllen? Sie zögern zu oft und zu lange. Überlegen ist gut, aber irgendwann müssen wir auch handeln. Doch die meisten Leute haben oft Sorge, dass etwas schiefgehen oder nicht klappen könnte. Oder dass jetzt gerade nicht der richtige Zeitpunkt ist. Oder ...

Ist doch völlig egal, wenn mal etwas nicht klappt. Bei 10 Versuchen klappen eben auch 2 oder 3 nicht. Egal. Aber wenn wir gar nichts versuchen, klappt auch gar nichts.

Diese Frage kennst du ja sicherlich auch nur zu gut: Soll ich oder soll ich nicht?

Soll ich mich bewerben oder soll ich nicht?

Soll ich XY anrufen oder soll ich nicht?

Soll ich den Kontakt herstellen oder soll ich nicht?

Soll ich oder soll ich nicht?

Ja, du sollst!

Trick: Wann immer du dir selbst die Frage stellst: Soll ich oder soll ich nicht? Dann antworte mit: JA, ich soll!

Kleine Hilfestellung mit einer Skala von 1 bis 10: Sollst du nicht oder sollst du? Stell dir jetzt die Frage in deiner Angelegenheit: Soll ich ...?

nein JAAAA

1 2 3 4 5 6 7 8 9 10

Liegt die Antwort in der rechten Hälfte, dann leg los. Und nicht aufschieben. Sonst schiebst du die Erfüllung deiner Wünsche auf. Carpe diem.

Achtung: Falle!

Mögliches bisheriges **Hindernis:**

Manchmal zögern wir zu lange.
Unser *altes Ich* will zögern + abwägen + durchdenken + Gründe finden, etwas nicht zu tun.
Unser *altes Ich* will gar nicht wirklich, dass wir neues Terrain betreten.

UNIVERSUMSTRICK:

Sobald du dir die Frage stellst, »Soll ich oder soll ich nicht?«, ist die Antwort: Ja, du sollst!
Folge deinem *neuen Ich* – es ist offen und neugierig und erfüllungsorientiert.

LIFEHACK 53

Schick deine Zweifel in Urlaub ...

... und zwar am besten auf eine sehr weit entfernte Insel!

Wenn du neue Dinge in dein Leben ziehen möchtest, darfst du nicht daran zweifeln, dass diese Dinge auch geschehen werden. Weißt du, was sonst passiert? Deine Zweifel werden sich verwirklichen und nicht deine Wünsche. Jede Form von Zweifel zieht Zweifel an.

Schau dir deinen Traum genauer an: Siehst du die Nester des Zweifels? Spüre sie auf, packe sie in einen Koffer und schick sie auf Reisen. Zweifel sind Wunscherfüllungsverhinderer mit unglaublicher Wirkung.

Wenn du zweifelst, ist es so, als würdest du die Tür zur Erfüllung von innen mit Brettern zunageln. Jeder Zweifelgedanke von dir ist, als würdest du zusätzlich noch ein Schild an die Tür hängen, auf dem steht: »Wunscherfüllung unerwünscht. Erfüllung bitte draußen bleiben!«

Trick: *Auch wenn es schwerfällt: Jeden Zweifel, auch den geringsten, müssen wir bitten zu verschwinden. Packe jeden Zweifel in einen imaginären Koffer!*

Denn: Sobald du bei dir Zweifel entdeckst, in welcher Form auch immer, sei dir klar, dass du damit die Erfüllung deiner Wünsche verhinderst.

Auf einer Skala von 1 bis 10: Wie sehr zweifelst du an der Erfüllung deiner Wünsche? Spontane Antwort – jetzt:

1 2 3 4 5 6 7 8 9 10

Alles, was über 2 liegt, geht gar nicht. Sorge dafür, dass du nicht länger zweifelst.

Tipp: Stell dir jede Stunde vor, dein Wunsch hätte sich bereits erfüllt. Sieh vor dir, wie glücklich du dich fühlst. Mache das, solange es nötig ist – wenn nötig wochenlang. So lange, bis dein Wert bei diesem Test im Bereich 1 oder 2 liegt.

Achtung: *Altes Ich*!
Mögliches bisheriges **Hindernis**:
Wir sind Weltmeister. Zweifel-Weltmeister.
Unser *altes Ich* schickt uns pausenlos und voller Genuss Zweifelgründe.
Zweifel hindern uns aber an der Verwirklichung.
Zweifelgefühle senken unsere Energie.

Vorsicht:
Jede Art von Zweifel entfernt uns von der Erfüllung.

UNIVERSUMSTRICK:

Unser *neues Ich* schickt uns konstruktive Hinweise, denen wir folgen können.

Woran du erkennst, ob es sich um Zweifel handelt oder um einen Hinweis? Zweifel sind destruktiv – Hinweise sind konstruktiv.
Du spürst den Unterschied.

Das Herzspiel

Kennst du das Herzspiel? Checke bei jedem Herz, das dir begegnet, kurz ab, ob du noch auf deinem Herzensweg bist. Checke kurz, auf welcher Grundlage du heute deine Entscheidungen getroffen hast: Hast du sie mit dem Kopf oder mit deinem Herzen getroffen?

Wenn du Entscheidungen treffen musst, dann triff sie nicht nur mit dem Kopf, sondern triff sie immer auch mit deinem Herzen. Wir sind keine Roboter, sondern vielschichtige, hochsensible Wesen. Spüre immer, wie sich eine Entscheidung in deinem Herzen anfühlt, und entscheide erst dann.

Trick: Schalte bei jeder Entscheidung kurz deinen Kopf aus und fühle, was dein Herz dazu sagt. Tue dann, was dein Herz dir rät – es weiß, was richtig ist. Mit dem Herzen siehst du besser. Dein Herz kennt deinen "Herzenswunsch" und führt dich zu ihm. Folge immer deinem Herzen – das ist der direkte Weg zum Glück.

Und, was sagt dein Herz dir gerade? Tipp: Das ist **dein** Weg.

Nehmen wir eine Situation, die dir sehr wichtig ist:

Was rät dir dein Kopf?

Was rät dir dein Herz?

Dein Herz sagt bestimmt: »Trau dich.« Oder?

Achtung: Irdisch!

Mögliches bisheriges **Hindernis:**

Wir schenken unserem Herzen keine oder zu wenig Beachtung. Wir sind sehr vernünftig.

LÖSUNG:

Tu immer, was dein Herz dir sagt.

UNIVERSUMSTRICK:

Jedes Mal, wenn du irgendwo ein Herz siehst, checke kurz: Bin ich noch auf dem Weg meines Herzens? Die Antwort muss JA sein.

Wie du dich auf Glück programmierst

Ein großer Irrtum ist es anzunehmen, dass wir unserem Schicksal hilflos ausgeliefert sind. Manche Menschen glauben, dass sie selbst kaum Einfluss auf ihr Leben nehmen können. Dem ist nicht so.

Kennst du den Unterscheid zwischen Menschen, denen scheinbar immer alles relativ mühelos gelingt, und denen, die trotz enormer Mühen einfach nichts zu erreichen scheinen? Oder denjenigen, die aus einer Lebenskrise gestärkt herausgehen, und jenen, die scheinbar in ihrem Elend versinken? Gibt es wirklich geborene Glückskinder und Pechvögel?

Von Natur aus hat jeder Mensch etwas von beidem in sich. Jeder ist ein Stück weit ein Glückskind und auch ein Pechvogel. Es gibt nur einen riesigen Unterschied zwischen den Menschen: die Gedanken. Wir bestimmen mit unseren Gedanken einen Großteil unseres Lebens. Glück und Unglück funktionieren nach einem eigenen Prinzip. Du bist, was du denkst, bzw. du bist jetzt, was du früher über dich gedacht hast.

Es gibt viele Menschen, die ein klares Ziel hatten, daran festhielten und es auch tatsächlich erreichten, unabhängig von ihrer Umgebung und dem finanziellen Background. Sie schafften es, sich ihren persönlichen Lebenstraum zu erfüllen. Und genau das wollen wir auch – uns unseren Lebenstraum erfüllen.

Es ist möglich, ein Leben in Glück und Ausgefülltsein zu leben. Es ist möglich, zu den Glückskindern dieser Welt zu gehören. Beginnen wir dafür, Gedanken zu denken, die uns Richtung Glück bringen, und verbannen wir Gedanken, die uns am Glücklichsein hindern. Ab sofort entscheiden wir uns bewusst, zu den Glückskindern zu gehören.

Trick: *Klebe dir ein vierblättriges Kleeblatt gut sichtbar auf, das erinnert dich daran, dass du ab jetzt zu den Glückskindern gehörst. Jedes Kleeblatt hat die Botschaft: Du bist ein Glückskind.*

LIFEHACK 56

Vergiss das Wenn

Der größte Irrtum aller Zeiten: Wenn ... dann. Wenn du jünger wärst, wenn du mehr Geld hättest, wenn du einen besseren Chef hättest, wenn du andere Nachbarn hättest ...

Vergiss das alles. Vergiss das Wenn. Wenn ist einer der größten Wunschverhinderer überhaupt. Jedes einzelne Wenn bremst uns aus. Jedes Wenn stellt sich zwischen dich und die Erfüllung deines Wunsches. Jedes Wenn ist ein Felsbrocken zwischen dir und deinem Lebenstraum. Wenn macht mutlos – wenn macht uns zum Opfer. Wir sind aber keine Opfer – wir sind Erfüller.

Räume ab sofort jedes Wenn aus dem Weg: Wenn du Geld hättest, dann ... Stopp! Ändere diesen Gedanken sofort. Wenn ich einen Partner hätte, dann ... Stopp! Wenn war gestern.

Trick: Spüre deine Wenns auf – und verbanne sie. Wenn ist eine Vollbremsung. Wenn will gar nicht, dass unser Wunsch Wirklichkeit wird.

Jetzt spüren wir eines deiner Wenns auf.
Ergänze spontan diese beiden Sätze:

Wenn ich ______________________________ hätte, dann könnte ich

______________________________ machen.

Wenn ich ______________________________ hätte, dann wäre ich glücklich.

Und jetzt in die Tonne damit. Jedes Wenn kommt in eine imaginäre Tonne. Jedes Wenn ist Müll. Es steht zwischen dir und deinem Glück. Und alles, was sich zwischen uns und unser Glück stellt, beseitigen wir.

Egal, was heute passiert - es soll so sein.

Es soll so sein? Ja, genau. Auch wenn du noch nicht weißt, warum und wofür – nimm das so hin: das Gute und das nicht so Gute.
Der Satz, der Wunder wirkt, lautet:
Egal, was passiert – es ist zu meinem Besten.

Wenn du diesen Satz verinnerlichst, dann wirst du leicht. Verinnerliche: Alles ist zu meinem Besten! Und wenn du manches noch nicht verstehst, sage dir einfach: »Danke Leben, dass mal wieder alles schiefläuft.« Du weißt ja, dass letztlich das meiste, was passiert, gut für dich ist. Du weißt eben nur noch nicht genau, warum. Noch nicht. Aber alles ist zu deinem Besten.

Dieses tiefe Vertrauen, dass die Dinge so geschehen, wie es für dich am besten ist, führt zu einer schnelleren Erfüllung. Denn jede Art von Frust oder Verwirrung entfernt uns von der Erfüllung unserer Wünsche. Vertrauen ist der direkteste Weg zur Erfüllung. Vertrauen, tiefes Vertrauen, dass alles zu deinem Besten geschieht, ist die Megaabkürzung zu deinem Herzenswunsch.

Trick: *Das Wissen, dass, egal was passiert, es zu deinem Besten ist, macht den Weg frei. Kannst du das annehmen, dass alles zu deinem Besten geschieht?*

Ich weiß, das ist wahrlich nicht immer leicht. Aber du weißt ja, leicht kann jeder. Wir sind hier schon weiter ...

Befreiungszeremonie: Sorgenfeuer

Erstelle eine Liste mit allen Dingen, vor denen du dich fürchtest, die dich sorgen oder die dir Angst machen und dich belasten. Denn genau darum geht es jetzt: Ängste und Sorgen loszulassen. Wir lagern diese jetzt aus, damit sie nicht länger ein Teil von uns sind.

Schreib sie auf eine Liste – und dann verbrennen wir diese Liste! Weg damit. Das tut unendlich gut. Das ist eine wunderbare Befreiung.

Trick: *Die Sorgen verbrennen– du wirst dich sehr erleichtert fühlen. (Aber nimm dafür einen feuerfesten Behälter und mach das draußen.)*

Hast du 5 Minuten? Dann nimm einen Zettel und überlege kurz:

Was macht dir etwas Angst?

____

____

____

____

____

____

Was bereitet dir Sorgen?

Was belastet dich?

Genieße dieses kleine Feuerchen und spüre, wie du fröhlicher und leichter wirst. Ängste und Sorgen stehen endlich nicht länger im Weg zu deinem Glück.

Schau dir deine Saat an

Ganz wichtig: Wir müssen unsere Saat an unseren Erntewunsch anpassen: Wenn du Erdbeeren ernten möchtest, kannst du keine Äpfel säen. Wenn du Äpfel säst, kannst du keine Erdbeeren ernten.

Beobachte dich einmal, was säst du mit deinen Gedanken? Ist es wirklich das, was du ernten möchtest? Wenn deine Ernte Glück sein soll, dann musst du Glück säen. Wenn du Glück ernten willst, kannst du keine Sorgen säen.

WUNSCH = ERNTE
GEDANKEN = SAAT

Trick: *Wenn du bemerkst, dass deine Saat nicht ganz zu deiner Ernte passt, dann passe deine Saat jetzt sofort an.*

Das ist die Theorie. Aber jetzt mal ganz praktisch zu deinem persönlichen Wunsch: Was ist dein Wunsch? Was sind deine Gedanken? Passt das zusammen? Dann ist alles gut. Wenn nicht, dann machen wir es jetzt passend.

Was möchtest du ernten?

____

____

____

Was musst du dafür denken?

Wenn du darauf achtest, dann wird deine Ernte die Erfüllung deiner Wünsche sein.

Achtung: Falle!
Mögliches bisheriges **Hindernis**:
Wir säen zu 70-80 Prozent Mist aus.

UNIVERSUMSTRICK:
Frage dich möglichst oft:
Was möchte ich ernten?
Passt meine Saat?

Vorsicht:
Vergiss nicht: Wenn du Mist säst, wirst du Mist ernten.

LIFEHACK 60

Heute ist immer auch schon morgen

Erinnerung: Was du heute denkst, fühlst und tust, wirst du in irgendeiner Form zurückbekommen. Das ist ein Naturgesetz. Deshalb ist heute auch immer schon morgen. Auch wenn du ganz bewusst im Jetzt, im Heute leben solltest, bedenke: Was du heute denkst, tust und fühlst, entscheidet darüber, wie deine Welt morgen aussehen wird. Wenn du heute voller Sorgen bist, wirst du morgen nicht leicht und glücklich sein.

Trick: *Lebe heute so, wie du morgen leben möchtest. Sei heute glücklich und fröhlich – dann wirst du es morgen auch sein. Es gibt immer schöne Dinge und schöne Momente, es gibt jeden Tag magische Momente, wir müssen sie nur sehen. Heute glücklich sein – dann klappt's auch mit dem Morgen.*

Hören wir auf, darüber zu reden, und fangen wir mit dem Glücklichsein genau jetzt an. Das ist alternativlos.

Siehst du auch, was ich gerade sehe: diese kleinen Wunder des Lebens, die schönen Blumen, das nette Lächeln ... Du kannst dich in jedem Moment dafür entscheiden, glücklich zu sein – du musst nicht erst auf etwas warten.

Geheimnis zur Wunscherfüllungsbeschleunigung: glücklich sein, einfach so.

Denk immer vom Ende, von der Erfüllung aus

Die wichtigste Frage zur Wunscherfüllung ist diese: Was genau möchtest du erreichen, erleben? Wenn du dir darüber im Klaren bist, dann stell dir nun vor, das Gewünschte wäre bereits Wirklichkeit, und blick von dort aus zurück auf heute. Was hast du »damals« getan, entschieden, um dorthin zu kommen, wo sich dein Wunsch erfüllt hat?

Aus der Zukunft zurück ins Jetzt, das ist der Trick! Aus der Zukunft zurückdenken und dann handeln. Du kennst ja eine Prognose – das ist eine Vorhersage einer künftigen Entwicklung. Aber eine Regnose ist viel spannender. Eine Regnose ist der Blick aus der Zukunft ins Heute.

Trick: Die Dinge vom Ende, von der Erfüllung deines Wunsches aus denken. Blicke aus der Zukunft ins Heute.

Wenn es z. B. dein Wunsch ist, ein eigens Start-up aufzubauen, dann denke und handle heute in der absoluten Gewissheit, dass dieser Wunsch sich schon erfüllt hat. Sieh dich in deinem erfolgreichen Start-up arbeiten.

Nicht so:

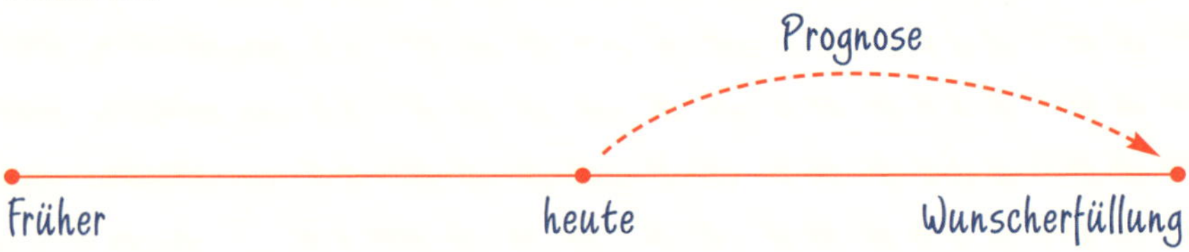

Sondern so: Blick aus deiner Zukunft auf heute. Wie bist du dorthin gekommen? Was hast du wann gemacht?

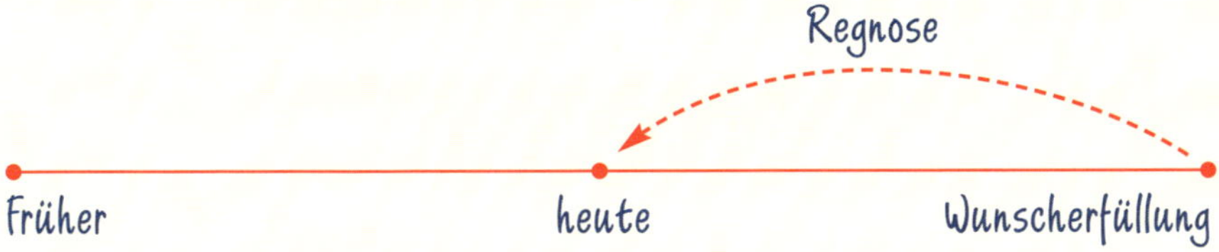

Und jetzt zu unserem Wunsch:

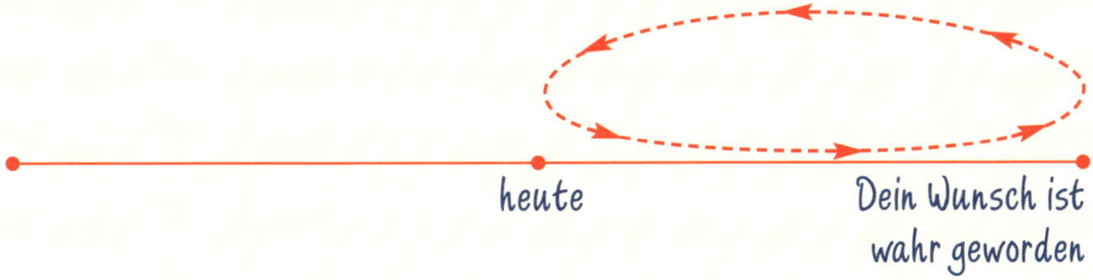

So ein Zufall!

Erinnerst du dich, als du neulich erst wieder sagtest: »So ein Zufall!« Das war kein Zufall. Zufälle gibt es nicht. Das war Absicht.

Wer nicht an Wunder glaubt, der hat nichts verstanden. Ein Zufall bedeutet nichts anderes, als dass dir etwas »zu-fällt«. Etwas, das nur für dich bestimmt ist. Glaube an Wunder, glaube ganz fest daran. Und achte auf die Zufälle, auch auf die kleinen. Jeder Zufall ist ein Geschenk des Universums. Ein Geschenk nur für dich. Jeder Zufall ist ein Beweis dafür, dass du geführt wirst.

Trick: *Beachte die "Zufälle". Zufälle sind etwas ganz Besonderes. Erkenne in Zufällen, dass und wie du geführt wirst.*

Wir erleben so viele Zufälle – die meisten bemerken wir in unserem Alltag leider nicht. Aber einige erkennen wir ja glücklicherweise ...

LIFEHACK 63

Im Grübelmodus

Mehr als 80 Prozent der Menschen, denen du heute begegnest, tappen in die Grübelfalle.

Dinge durchzudenken und lösungsorientiertes Denken, das ist konstruktiv und nützt uns. Lösungsorientiert und wunscherfüllungsorientiert. Aber diese Grübelei, dieses ständige Gegrübel, Gegrübel, Gegrübel ... bringt nichts, überhaupt nichts. Wohin soll es auch führen? Es führt dich nur immer wieder im Kreis herum.

Grübeln ist in etwa so, als würdest du mit deinem Auto immer weiter im Kreisel fahren. Dabei müsstest du, um zu deinem Ziel zu kommen, eine Ausfahrt nehmen. Grübeln bringt dich deinem Wunsch nicht einen Millimeter näher. Und wer will schon immer im Kreis fahren? Wer immer weiter im Kreis fährt, der kommt ja nie an.

Trick: *Wenn du dich beim Grübeln erwischst, dann beende diesen Grübelmodus sofort und wechsle wieder in den Erfüllungsmodus.*

Nimm die Ausfahrt aus dem Grübelkreisel. Statt zu grübeln, stellst du dir die Erfüllung deines Wunsches vor.

Achtung: Falle!

Mögliches bisheriges **Hindernis:**

80 Prozent der Menschen grübeln und grübeln. Aber das Grübeln bringt uns nicht weiter. Keinen Zentimeter.

Das *alte Ich* will grübeln, das *alte Ich* möchte am liebsten immer weiter im Kreis fahren, da kennt es sich aus.

Vorsicht:

Der Grübelmodus entfernt uns von unserer Wunscherfüllung.

Wir verschwenden unsere Energie, um im Kreis zu fahren.

LÖSUNG UND TRICK:

Sobald du merkst, dass du anfängst zu grübeln: STOPP!

Nimm die nächste Ausfahrt.

Denk an die Erfüllung deines Herzenswunsches.

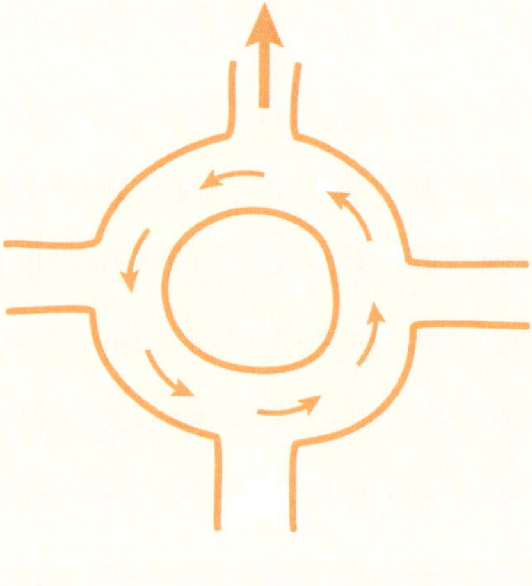

Hinter verschlossenen Türen

Manchmal hat man ja das Gefühl, ständig vor verschlossenen Türen zu stehen. Man kann sich Mühe geben, so viel man will, tun und machen, was man will, aber die Tür öffnet sich nicht. Kennst du das auch? Ich glaube, jeder von uns hat das schon erlebt.

Wenn du bemerkst, dass Türen verschlossen sind, dann versuche nicht, sie mit Gewalt zu öffnen. Laufe nicht immer wieder gegen dieselbe verschlossene Tür.
Stopp.
Du würdest dich nur »verletzen«.

Halt stattdessen inne, werde dir klar, dass es sich um eine verschlossene Tür handelt, die du im Moment nicht öffnen kannst, und wähle einen anderen Weg. Eine verschlossene Tür bedeutet, dass dieser Weg nicht richtig für dich ist. Aber da ist eine Tür, die offen ist für dich. Und dieser Weg ist der richtige für dich.

Verschlossene Türen halten dich von etwas ab – sie schützen dich, auch wenn du noch nicht weißt, wovor. Wir ärgern uns immer, wenn wir das Gefühl haben, eine Tür sei verschlossen. Dabei müssten wir eigentlich laut DANKE rufen. Denn wir haben ja versucht, die Tür zu öffnen und wollten hindurchgehen. Wir dachten, das sei der richtige Weg. Aber zu unserem Glück war die Tür verschlossen. Sonst wären wir fröhlich in unser Unglück marschiert.

Trick: *Erkenne ab jetzt bei jeder verschlossenen Tür, dass du beschützt worden bist. Ärgere dich nicht, sondern geh fröhlich weiter, bis du an offene Türen kommst.*

Jede verschlossene Tür ist ein Hinweis. Jede verschlossene Tür spricht mit dir. Sie sagt: »Stopp. Dieser Weg ist eine Sackgasse.«

Jede offene Tür ist ein Hinweis – hier entlang ...

Achtung: Irdisch!
Wenn du merkst, dass eine Tür verschlossen ist,
dann lauf nicht immer und immer wieder dagegen.
Es verbirgt sich etwas dahinter, das nicht optimal ist für dich.

DIE WAHRHEIT:

Verschlossene Türen beschützen uns.

UNIVERSUMSTRICK:

Offene Türen sehen und durchgehen.
Offene Türen bringen dich zu deinem Ziel.
Verstehe, dass eine verschlossene Tür dich nicht ärgern,
sondern beschützen will.

Trainingspartner

Betrachte alle Menschen und Situationen, die dich aufregen, nicht als Gegner, sondern als Trainingspartner. Das ist eine wunderbare Übung, um in unserer Mitte zu bleiben. Wenn dich also jemand oder etwas beginnt aufzuregen – stopp. Tief atmen, lächeln und danken für die Trainingsmöglichkeit.

Jede Aufregung und jeder Ärger entfernt uns von unserer Wunscherfüllung. Und ehrlich gesagt sind es die meisten Menschen und Situationen, über die wir uns ärgern, nicht wert, uns auch nur fünf Minuten von unserem Wunsch zu entfernen. Der Ärgermodus zieht uns unnötig runter und schwächt unsere Energie. Im Ärgermodus senden wir Ärgerenergie aus. Und die werden wir ja dann auch wieder empfangen. Nein, vielen Dank.

Trick: *Alles, was dich ärgert oder aufregt, als Trainingspartner sehen. Du trainierst, in deiner Mitte zu bleiben. Oft hält der Alltag ja genügend Trainingseinheiten bereit. Wäge immer ab: Lohnt sich der Ärger? Ärger lohnt sich in Wahrheit nie. Jede Sekunde Ärger entfernt uns von unserem Wunsch.*

Versuche, immer in der Mitte zu bleiben, denn nur aus unserer Mitte heraus treffen wir die richtigen Entscheidungen.

In dem Ausdruck »Ich ärgere mich« ist viel Wahrheit enthalten. Wenn du dich ärgerst, dann ärgerst *du* dich. Es nützt niemandem auf der Welt und du änderst nichts, wenn du dich ärgerst. Das Einzige, was geschieht, ist, dass du dir selbst schadest – Ärger ist Zellgift, jeder Ärger vergiftet unsere Zellen.

Tipp: Wenn du dich also über jemanden ärgerst, dann dreh dich um, atme tief ein und aus und denke: ›Der/die Arme sammelt gerade wieder ganz miese Karmapunkte.‹

Eine gute Übung:

Stell dir immer diese Frage: Lohnt sich der Ärger? Ist der Ärger es wert, dass sich mein Wunsch erst später erfüllt, weil ich durch den Ärger meine Energie absenke?

Worüber hast du dich in den letzten Tagen geärgert?

Wie sehr hast du dich geärgert?

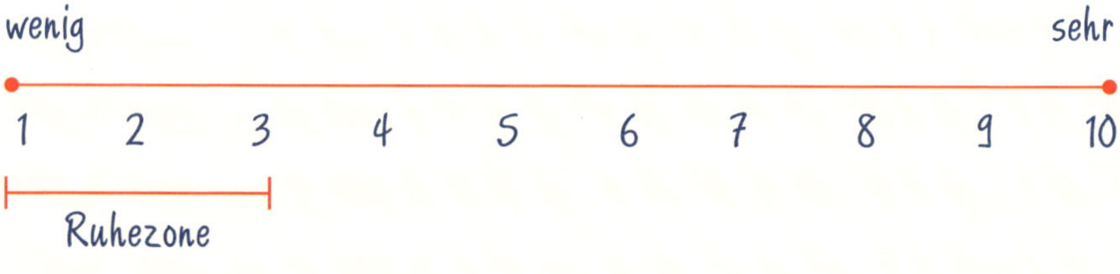

Trick: Bei jedem aufkommenden Ärgergefühl diese Skala kurz im Kopf aufrufen. Und sofort wieder in die Ruhezone kommen.

Gehirnwäsche macht glücklich. Oder: Die Sache mit der Sauberkeit

Nimm dir zehn Minuten Zeit, um deinen Geist zu reinigen. Für die Körperpflege brauchen wir länger, für die Küche auch. Wir schrubben, putzen, machen und tun, aber wir vergessen darüber, dass auch unser Geist ein gewisses Hygieneprogramm braucht.

Nimm dir regelmäßig die Zeit und beschäftige dich mit deinem Geist: Welche negativen Gedankenmuster, Gefühle, Begegnungen, Erlebnisse hattest du heute und in den letzten Tagen? Das ist wahrscheinlich jede Menge und wird bei unserer Informationsflut auch ständig mehr.

Aber Vorsicht: Negativer Input verschmutzt dich von innen. Und Verschmutzung hält uns von der Erfüllung ab.

Wenn wir uns diesen ganzen negativen Input nicht bewusst machen, dann verschmutzt nach und nach unser gesamter Geist. Ein verschmutzter Geist wird aber kein Glück anziehen, und das ist es ja, was WIR wollen.

Trick gegen negativen Input: *Regelmäßige Geisthygiene. Schau dir an einem Tag der Woche (sehr gut geeignet dafür ist der Sonntag) an, welchem negativen Input du in der letzten Woche ausgesetzt warst. Schreibe den negativen Input deiner Woche auf – und dann wirf den Zettel weg, raus*

aus deinem Geist. Das ist eine super Zeremonie für deinen Geist – und deine Seele wird sich auch sehr freuen. Früher war Samstag Badetag – heute ist Sonntag Gehirnwäschetag.

Ein gereinigter Geist ist ein Magnet für die Erfüllung.

Achtung: Irdisch!

Mögliches **Hindernis** für eine schnelle Wunscherfüllung:

Wir füttern unseren Geist mit zu viel negativem Input – in vielen unterschiedlichen Varianten:
Gedanken, Gefühle, Begegnungen, Erlebnisse ...
Negativer Input ist geistiger Müll.
Wir verschmutzen uns selbst.

LÖSUNGSTRICK:

Den Geist genauso sauber halten wie unsere Küche:
Müll rausbringen – bevor die Ratten kommen.
Auch den geistigen Müll aus unserem Kopf.

ERKENNTNIS:

Je gereinigter und sauberer unser Kopf ist,
umso besser kann er die Erfüllung anziehen.

Positiv denken?

Positives Denken ist ein guter Anfang, aber leider ist das nicht genug. Wir müssen es positiv *wissen*! Was wir wissen müssen? Wir müssen wissen, dass sich unser Wunsch erfüllt.

Spürst du den Unterschied? »Positiv denken« ist lauwarm,«positiv wissen« ist heiß!

Das ist eine ganz andere Energie. Wenn du positiv weißt, dass du das bekommst, was du möchtest, dann bekommst du es auch. Wenn du positiv denkst, dass du bekommst, was du möchtest – dann bekommst du es vielleicht, aber vielleicht auch nicht.

Trick: Wissen ist der Unterschied. Du denkst nicht, dass dein Wunsch sich erfüllt. Du weißt es! Damit du das nicht vergisst, vereinbaren wir eine bestimmte Zeit. Sage jeden Tag um 12 Uhr: "Ich weiß, dass sich mein Wunsch erfüllt." Dann lass diesen Satz kurz wirken.

Test: Spüre den Unterschied: Lies die beiden Sätze laut vor und achte darauf, welches Gefühl sie in dir auslösen:

»Ich denke, dass sich mein Wunsch erfüllt.«

»Ich weiß, dass sich mein Wunsch erfüllt.«

Fangen wir gleich damit an: Sage jetzt, genau jetzt, noch einmal laut:

»Ich weiß, dass sich mein Wunsch erfüllt!«

»Ich weiß, dass sich mein Wunsch erfüllt!«

»Ich weiß, dass sich mein Wunsch erfüllt!«

Achtung: Glauben statt wissen!
Mögliches bisheriges **Hindernis**:
»Ich glaube, dass mein Wunsch wahr wird.«
Darin steckt eine Portion Unsicherheit.
Unsicherheit aber schwächt unsere Erfüllungsenergie.

UNIVERSUMSTRICK:

Ich **weiß**, dass mein Wunsch wahr wird.
Denken durch **Wissen** ersetzen!
»Ich weiß« ist absolute Erfüllungsenergie – stärker geht nicht.
Sende die Energie von »Ich weiß, dass ...« aus – das ist der Turbo für deine Wunscherfüllung.

Du weißt, dass dein Wunsch wahr wird.
Und zwar genau zur richtigen Zeit.

Kennst du deinen inneren Dialog?

Wir haben ja alle diese verschiedenen Stimmen in unserem Inneren. Die kennst du ja wahrscheinlich auch zur Genüge.

Man kann diese Stimmen in zwei Kategorien einteilen:
Kategorie 1: die motivierenden, aufbauenden Stimmen
Kategorie 2: die destruktiven, bremsenden Stimmen

Beobachte diese verschiedenen Stimmen in dir mal genauer: Was reden die eigentlich den ganzen Tag? Und vor allen Dingen: Welche Stimme ist lauter? Ist es die motivierende, aufbauende, zielgerichtete Stimme? Die Stimme, die dich liebevoll in Richtung Glück führt? Oder ist die andere Stimme lauter? Die Stimme, die dich durcheinanderbringt (»Das klappt nicht!«), dich runterzieht (»Ich muss abnehmen ...«) oder dein Denken auf unwichtige Dinge lenkt (»Guck mal, die Nachbarin ...«)?

Trick: Lassen wir diese Stimmen nicht einfach machen, was sie wollen. Denn letztlich bestimmen unsere inneren Stimmen die Richtung unseres Denkens. Benutzen wir die Stimmen für unseren Zweck – die Erfüllung unserer Wünsche.

Du bist kein Pingpongball deiner inneren Stimmen – sei du der Chef in deinem Kopf! Lass die richtigen Stimmen gewinnen. Die Stimmen, die dir guttun. Du erkennst sie sofort, das sind die Stimmen in dir, die dir ein gutes, liebevolles, herzliches Gefühl geben.

Ab jetzt bekommt die aufbauende, unterstützende Stimme den Redestein. Denn: Unsere Stimmen bestimmen unser Denken, und unser Denken wirkt magnetisch. Unsere inneren Stimmen haben unfassbar viel Macht. Letztlich bestimmen sie, ob unsere Wünsche sich erfüllen werden.

Achtung: Irdisch!
Mögliches **Hindernis** für eine schnelle Erfüllung:
Die destruktive Stimme, die Stimme deines *alten Ichs*, ist noch zu laut. Die Zweifel-Mecker-Zeter-Stimme.

Achtung: Diese Stimme bremst dich aus!

LÖSUNG UND TRICK:

Sobald du die alte Stimme bemerkst, nimm ihr den Redestein weg.
Die Stimme deines *neuen Ichs* soll jetzt übernehmen – die liebevolle, motivierende und aufbauende Stimme.

LIFEHACK 69

Methode: Bilder aussenden

Eine wunderbare Methode, um das »Anziehen« bzw. das Manifestieren zu üben, ist es, gedanklich Bilder auszusenden. Wenn du eine bestimmte Situation anziehen möchtest, kannst du gedanklich ein Bild von dieser Situation aussenden.

Es gibt für diese Methode viele Einsatzmöglichkeiten: Wenn du z. B. möchtest, dass jemand sein Verhalten dir gegenüber ändert – schick diesem Menschen in Gedanken ein Bild davon, wie du behandelt werden möchtest. Wenn du einen bestimmten Menschen treffen möchtest – schick ein gedankliches Bild von diesem Treffen hinaus. Super Übung: Wen hast du seit Jahren nicht mehr gesehen, würdest ihn aber gerne »zufällig« wiedertreffen? Schick das Bild von diesem Treffen gedanklich los. Du wirst dich wundern.

Trick: *Gedankliche Bilder aussenden. Ein Bild wirkt Wunder. Bilder von gewünschten Ereignissen, Situationen, Treffen auszusenden, das trainiert unsere Anziehungskräfte enorm.*

Mir persönlich macht es totalen Spaß, »zu-fällige« Treffen zu bestellen bzw. ein Bild davon gedanklich auszusenden.

Wen möchtest du treffen?

Sende doch gleich ein Bild von diesem Treffen aus …

LIFEHACK 70

Chancen sehen, wo andere nichts sehen

In jeder Situation steckt beides: eine Chance und keine Chance.

Das hier ist eine wahre Geschichte: Ein Unternehmer schickte in den 50er Jahren zwei Experten nach Afrika, um die dortigen Verkaufsaussichten für Schuhe zu erkunden. Nach einer Woche bekam er von beiden Experten eine Einschätzung: Der erste Experte schrieb: »Keine Chance, hier laufen alle barfuß, keine Mensch trägt hier Schuhe. Diesen Markt können wir vergessen.« Der zweite Experte hingegen schrieb: »Das ist ein großartiger Markt – hier brauchen alle noch Schuhe. Kein Mensch hat bis jetzt welche. Was für eine Chance!«

Manchmal muss man auch andersherum denken.

Trick: *Erkenne die Chancen hinter den Dingen. Es gibt immer eine Chance, manchmal müssen wir einfach andersherum denken.*

Wie sieht es bei dir aus? Gibt es vielleicht Chancen, die du so noch nicht gesehen hast? Schau dir dein jetziges Leben an: Wo sind deine Chancen? Denk daran: Genau jetzt, genau heute gibt es eine Chance und es gibt keine Chance. Du entscheidest, ob du sie sehen möchtest.

Welche Chance könntest du jetzt haben? Eine Chance, die du vielleicht bis eben gar nicht bemerkt hast:

Geldanziehungstipp

Erst einmal grundsätzlich: Geld ist Energie. Und Energie bewirkt immer etwas. Wenn du etwas einkaufst, egal, was und wie viel, dann bezahle immer mit Freude, mit einem rundum guten Gefühl. Dadurch erzeugst du eine positive Energie und diese Energie ziehst du wieder an. Außerdem lernt dein Inneres durch das Bezahlen mit Freude, dass Geld etwas Positives ist, und zieht es vermehrt an.

Wenn Geld geistig positiv besetzt ist, dann öffnen wir die Tür für Geld. Gib Geld deshalb immer bewusst mit positiven Gedanken aus der Hand. Achtung: Hast du beim Bezahlen negative Gefühle (›Das ist eigentlich zu teuer …‹) blockierst du den Fluss von Geben und Empfangen. Jedes negative Geldgefühl wird dich unglücklich machen. Jedes negative Geldgefühl zieht Mangel an. Benutze nie wieder Sätze wie: »Geld macht nicht glücklich.«

Schau mal nach, ob sich irgendwelche negativen Gedanken über Geld bei dir eingenistet haben. Die wurden uns nämlich unbeabsichtigt oft in der Kindheit vermittelt. Wenn du sie entdeckt hast, lösche sie. Unwiderruflich.

Trick: eine durch und durch positive Grundeinstellung zu Geld. Je positiver wir Geld bewerten, umso weiter öffnen wir die Tür zur Fülle. An Geld ist nichts Schlechtes, Geld ist etwas Wunderbares: Es eröffnet unendliche Möglichkeiten und Freiheiten.

Du kannst ja schon mal anfangen, den Geldkanal zu öffnen, und dir sagen: »Ich liebe Geld.«

Merkst du auch, wie sich sofort ein kleines schlechtes Gewissen meldet? Darf man das sagen? Geld ist doch nicht wirklich wichtig usw. Du darfst das sagen, nein, du sollst diesen Satz sogar sagen: »Ich liebe Geld. Ich liebe das Gefühl der Sicherheit und Freiheit, das es mir schenkt. Ich liebe die wunderbaren Möglichkeiten, die es ermöglicht.«

LIFEHACK 72

Partner: Finden – nicht suchen

Zuerst einmal grundsätzlich: Wir suchen nicht mehr, sondern wir finden! Das gilt für alle unsere Lebensbereiche. Suchen war gestern. Heute ist finden!

Es gilt nämlich: Wer sucht, der sucht – wer findet, der findet.

Tipp fürs Partnerfinden: Wenn du alleine lebst, aber lieber einen Partner hättest, dann mache Folgendes: Tue so, als ob du bereits in einer Partnerschaft leben würdest. Fühle dich so, als ob du in einer überaus glücklichen Partnerschaft leben würdest. Schließe immer wieder kurz die Augen und fühle die liebevolle Umarmung, fühle das Miteinander. Spüre beim Spaziergang den Partner an deiner Seite, sieh ihn neben dir sitzen, höre ihn lachen. Fühle den Ring an deinem Finger ...

Du musst das ja niemandem erzählen, sonst halten dich die anderen noch für verrückt. Aber du wirst sehen, jetzt dauert es nicht mehr lange. Dein perfekter Partner wartet ja auch schon irgendwo auf dich. Du meinst, du findest keinen? Kann nicht sein, für jeden Topf gibt es einen Deckel! Probiere diese Methode aus, dann siehst du es ja ...

Trick: *Fühle die Umarmung, fühle das Miteinander, fühle den Ring an deinem Finger. So gaukelst du deinem Gehirn vor, es hätte sich erfüllt. Und du weißt ja: Erfüllung zieht Erfüllung an.*

Wie findest du das richtige Haus/ die richtige Wohnung?

Zuerst einmal musst du dir darüber klar werden, wo genau du leben möchtest: Wo fühlst du dich richtig wohl: in der Stadt oder in einem Vorort? Auf dem Land? Möchtest du in einem Landhaus oder eher in einem modernen Haus leben? Berücksichtigst du dabei die Interessen deiner Familie? Kommen alle auf ihre Kosten? Wie soll das Grundstück sein? Ist der Garten eher wild oder ist er gepflegt?

Nun betritt in Gedanken dein neues Zuhause: Wie sehen die Wohnräume von innen aus? Wie sind sie geschnitten? Wie fühlst du dich? Wie ist das Haus eingerichtet? Gehe in Gedanken durch die Räume, spüre, wie glücklich du dort bist. Stell dir vor, wie du dort glückliche Stunden mit deiner Familie und deinen Freuden verbringst oder wie du erfolgreich in deinem neuen Reich arbeitest. Fühle das Glück. Verinnerliche es.

Und jetzt lass dich führen.

Lebe in Gedanken in diesem Haus, in dieser Wohnung – dann wirst du das verstärkt anziehen. Und sage bitte nicht, dass du dir das nicht leisten kannst. Das Leben (oder das Universum oder das morphogenetische Feld oder die Urkraft oder ...) findet IMMER Mittel und Wege. Grenzen der Möglichkeiten gibt es nur in unserem Kopf.

Trick: Nimm dein neues Zuhause "geistig" schon in Besitz. Alle Dinge werden zuerst in unserem Geist erschaffen. Damit öffnest du die Tür für unendliche Möglichkeiten.

Achtung: Hausbesetzung! Eine geistige Hausbesetzung! Nimm dein Wunschzuhause bereits in deinen geistigen Besitz.

LIFEHACK 74

Perspektivenwechsel

Wenn du das Gefühl hast, dein Wunsch würde sich nicht erfüllen und dir würden ständig Steine in den Weg gelegt werden, dann hilft es, einen Moment aus deinem Leben herauszutreten und dir die Situation von »oben« anzuschauen.

Ich setze mich dann auf eine Wolke und schwebe quasi über meinem momentanen Leben. Und dann schaue ich mir ganz interessiert die Sache von dort aus an. Der Abstand wirkt Wunder und öffnet den Blick. Das ist wirklich interessant und spannend, man entdeckt von »oben« Zusammenhänge und durchschaut, wie man sich aus verzwickten Lagen befreien kann.

Trick: *Betrachte dein momentanes Leben mal aus einer anderen Perspektive. Setze dich auf eine Wolke und schaue herunter auf dein jetziges Leben. Das ist spannend und aufschlussreich.*

Ein Perspektivenwechsel macht den Kopf frei für neue Lösungen und neue Möglichkeiten.

Im Zeichenmodus. Oder: Hänsel und Gretel

Wir bekommen ständig Zeichen und Botschaften, in welche Richtung wir gehen sollen. Folge diesen Zeichen. Solche Zeichen können sein: Hinweise, Artikel, Menschen, die dir etwas Wichtiges erzählen, »Zufälle« ... Das alles sind Hinweise für dich persönlich.

Zeichen sind wie Brotkrumen, die uns aus dem dunklen Wald führen. Zeichen sind wie Brotkrumen, die uns zu unserer Wunscherfüllung führen.

Trick: Achte auf die Zeichen, die du jeden Tag bekommst. Achte darauf, in welche Richtung sie dich führen, und folge ihnen. Schreibe diese Zeichen in einem Buch auf, damit du sie nicht vergisst. (Der Mensch vergisst sonst so schnell.)

LIFEHACK 76

Schöne Momente sammeln

Das vielleicht Wichtigste im Leben ist es, schöne Momente zu sammeln. Das Glück gibt es nicht am Stück – das Glück besteht aus einer Vielzahl von glücklichen kleinen Momenten.

Menschen, die auf ihr Leben zurückschauen, bereuen einiges, aber niemals bereuen sie, dass sie Momente des Glücks zugelassen und genossen haben.

Machen wir es uns zur wichtigsten Aufgabe überhaupt, jeden einzelnen Tag für glückliche Momente zu sorgen. Und wenn wir darauf achten, werden wir merken: Schöne Momente gibt es an jeder Ecke.

Vielleicht ist das auch unsere wahre Lebensaufgabe, wer weiß. Unser Hauptberuf: Schöne-Momente-Sammler.

Liebes Universum

Last but not least: Richte den Auftrag für die Erfüllung deines Wunsches ans Universum.

Notiere hier deinen Auftrag ans Universum:

Liebes Universum,

Danke, liebes Universum.

Wie genau das funktioniert, ist im Buch »Danke, liebes Universum«[5] beschrieben.

Du glaubst nicht, dass das Universum die Erfüllung deiner Wünsche liefert? Dann probiere das mal aus, du wirst dich wundern. Und wenn du die 77 Lifehacks dazu befolgst, dann ist es, als würdest du einen Wunscherfüllungszauberstab besitzen.

Ich wünsche dir alles Glück dieser Welt ...

---

[5] Anjana Gill, »Danke, liebes Universum«, Silberschnur 2019

ÜBER DIE AUTORIN

Die Bestsellerautorin Anjana Gill, geboren in Bonn, hat nach ihrem Abitur und anschließendem Betriebswirtschaftsstudium, Schwerpunkt Textil, als Geschäftsführerin und selbstständige Unternehmerin in der Modebranche gearbeitet.
Inzwischen hat Anjana Gill zahlreiche Bücher erfolgreich veröffentlicht und sich als Expertin für Angelegenheiten zwischen Mensch und Universum einen Namen gemacht.

Für Anjana Gill liegen Zauber und Erfüllung unseres Lebens darin, sich nicht von den oberflächlichen Dingen dieser Welt in die Irre leiten zu lassen, sondern die wirklich spannenden und aufregenden Geheimnisse zu entdecken.
Seit Jahrzehnten beschäftigt sie sich leidenschaftlich damit zu zeigen, dass es eine aufregende Verbindung zwischen Mensch und Universum gibt.
Ihr Motto: Alles ist möglich – wenn du mit dem Universum zusammenarbeitest.
Es gibt eine Verbindung, die unser irdisches Leben mit den scheinbar unbegrenzten Möglichkeiten des Universums vereint – spannend, aufregend, magisch, erfolgreich.

Wir und das Universum – da geht was ... ❤

Mach mit – sei dabei!

Folge mir auf Instagram, Facebook und YouTube:

- gillanjana
- Anjana Gill Sprechen Sie Kosmisch
- Anjana Gill
- www.anjanagill.de

Wir ❤ das Universum

Die Bestseller von Anjana Gill

Anjana Gill

Danke, liebes Universum

95,7% Wunscherfüllung

Es funktioniert tatsächlich: Das Universum erfüllt Wünsche. *Seit ich angefangen habe, das Universum zu 'testen', kann ich nur noch staunen und mich freuen. Es ist fast unglaublich, was alles möglich ist.*
Die Frage ist nur: Wird das Universum auch deine Wünsche erfüllen? *Ja klar, wird es das.*
Locker und mit viel Witz zeigt Anjana Gill dir, wie auch du deine Wünsche vom Universum erfüllt bekommst.

208 Seiten, 2-farbig, broschiert · ISBN 978-3-89845-610-4 · € [D] 12,00

Anjana Gill

Danke für die wunderbare Lösung

Mit dem Universum löst du jedes Problem

Es gibt im Leben immer ein Problem, das uns stört. Aber es gibt eine Lösung!
Durch Vorstellungskraft, perfekte Formulierungen, die richtigen Worte und faszinierende Universumsspielchen kannst du JEDES Problem auflösen.
Anjana Gill zeigt an 50 Beispielen, wie das genau funktioniert – und wie du das für dich und dein eigenes Leben umsetzen kannst.
Es gibt nichts, das wir nicht ändern könnten.
Liebes Universum, wir lösen unsere Probleme auf. Danke!

160 Seiten, 2-farbig, broschiert · ISBN 978-3-96933-005-0 · € [D] 12,00

Anjana Gill

Die perfekte Wunscherfüllung

Der Teufel steckt im Detail

So wirst du ein echter FormulierungsProfi! Je perfekter deine Wunschformulierung, umso schneller ziehst du die Erfüllung in dein Leben. Wenn manche Aufträge ans Universum bisher nicht erfüllt wurden, dann kann das auch an der Formulierung liegen – denn Vorsicht, der Teufel steckt im Detail.
10 Regeln für deine perfekte Wunschformulierung – jetzt klappt's auch mit der Erfüllung.
Du und das Universum – alles ist möglich.

160 Seiten, 2-farbig, broschiert · ISBN 978-3-96933-010-4 · € [D] 8,00

Anjana Gill

Du und das Universum – da geht was!

Dein persönliches Wunscherfüllungsbuch

Das Geheimnis hinter der Wunscherfüllung ist das Aufschreiben, denn Aufgeschriebenes erfüllt sich besser und schneller.
In diesem magischen Wunscherfüllungsbuch gibt Anjana Gill dir wertvolle Tipps zur erfolgreichen Formulierung, der Gestaltung einer zum Wunsch passenden Collage und zeigt dir Wunscherfüllungsbeschleuniger.
Schreib deine sehnlichsten Wünsche hier hinein – der Erfolg wird dich begeistern.

144 Seiten, 2-farbig, mit Farbteil, broschiert · ISBN 978-3-89845-642-5 · € [D] 12,00

Anjana Gill

Sprichst du schon kosmisch?

Deutsch – Kosmisch, Kosmisch – Deutsch

Kosmisch leben ist der Durchbruch zu einem völlig neuen Lebensgefühl. Wünsche waren gestern, Erfüllung ist heute.
Anjana Gill entschlüsselt den »Geheimcode« für die Zusammenarbeit mit dem Universum. Denn das Universum und wir können die gleiche »Sprache« sprechen und so die Türen zu einem unfassbar schönen Leben öffnen.
Bisher hieß es: Das Leben ist anstrengend. Auf Kosmisch wird daraus: Ich bin ein Glücksmensch.

224 Seiten, 2-farbig, broschiert · ISBN 978-3-89845-654-8 · € [D] 15,00

Nathalie Bodin

Ho'oponopono

30 Formeln zur Lösung von Konflikten

Entdecken Sie Ho'oponopono ganz praktisch für Ihren Alltag. Nathalie Bodin konzentriert sich auf das Wesentliche im hawaiianischen Vergebungsritual: Die Lösung von Konflikten, wie dies in seinen historischen Anfängen der Fall war. Sie hat das ursprüngliche Ritual wiederaufgegriffen und an das moderne westliche Leben angepasst. Sie bringt uns Ho'oponopono nahe, indem sie uns an 30 alltäglichen Situationen zeigt, wie wir Konflikte erfolgreich mit der Energie des Verzeihens und des Reinigens auflösen können.

152 Seiten, mit Abbildungen, durchgehend farbig, Klappenbroschur
ISBN 978-3-89845-437-7 · € [D] 14,95

Franziska Krattinger

Die Kraft der 144 Schalt- und Machtworte

Die 144 wirkungsvollen Karten mit Schalt- und Machtworten erwecken die uns innerwohnende positive Macht zur selbstbestimmten Veränderung von Situationen und Vorhaben. Eines dieser Worte genügt bereits, um einen unterbrochenen energetischen Fluss wieder zum Laufen zu bringen und so alles zum Besten zu lenken!
Schalten auch Sie einfach um – und beobachten Sie die positiven Veränderungen in Ihrem täglichen Leben. Sie haben WIRKLICH die Macht dazu!

144 farbige Karten, mit Kurzanleitung und Miniposter, in Box
EAN 4260075280-28-8 · € [D] 19,95

Berthold Gunster

Ja-aber® Entscheidungskarten

Beim Treffen von Entscheidungen zweifeln oder zögern wir oft, wissen nicht, was wir tun sollen, oder flüchten uns in das bequeme »Ja, aber ...«.
In Zeiten des Zweifels helfen die »Ja-aber®-Karten«: Formulieren Sie eine eindeutige Frage, konzentrieren Sie sich und ziehen Sie eine Karte – die Ihnen Ihre Frage sofort beantwortet.

78 Karten im Karton · EAN 4260075280-240 · € [D] 11,90

Lucy Cavendish & Jasmine Becket-Griffith

Shadows & Light-Orakel

Faszinierende Wesen aus Licht und Schatten

In Shadows & Light erwarten dich mürrische Feen, freche Hexen, verwegene Geister und andere kühne Wesen. Sonderbar und betörend süß weisen dir die faszinierenden Boten des Schattens und des Lichts den Weg durch die Wirrungen des Lebens. Sie helfen dir, in Kontakt zu kommen mit deinem tiefen Wesen, das aus Schatten und aus Licht gemacht ist.

45 farbige Karten, mit Begleitbuch, 128 Seiten, broschiert, in Box
ISBN 978-3-89845-367-7 · € [D] 16,95

Weiterführende Informationen zu
Büchern, Autoren und den Aktivitäten
des Silberschnur Verlages erhalten Sie unter:
www.silberschnur.de

DU UND DAS UNIVERSUM

– DA GEHT WAS!